Michalzik
Der Dichter und der Banker

Peter Michalzik

Der Dichter und der Banker

Friedrich Hölderlin, Susette und Jacob Gontard

Eine biografische Erzählung

RECLAM

Für Jockel

2020 Philipp Reclam jun. Verlag GmbH,
Siemensstraße 32, 71254 Ditzingen
Umschlaggestaltung: Anja Grimm Gestaltung
Umschlagabbildungen: © Hein Nouwens / Shutterstock.com (Münze);
© mari.nl / Shutterstock.com (Tulpe); © Nikelser Kate / Shutterstock.com
(Ornament); © PjrStamps / Alamy Stock Foto (Friedrich Hölderlin,
Briefmarke nach einem Pastell von Franz Karl Hiemer); Staatliche Graphische
Sammlung, München (Jacob Gontard, Lithographie von P. C. Stern);
Holzstich nach Zeichnung Norbert Schrödl, um 1870 (Susette Gontard)
Druck und buchbinderische Verarbeitung: GGP Media GmbH,
Karl-Marx-Straße 24, 07381 Pößneck
Printed in Germany 2020
RECLAM ist eine eingetragene Marke
der Philipp Reclam jun. GmbH & Co. KG, Stuttgart
ISBN 978-3-15-011261-8

Auch als E-Book erhältlich

www.reclam.de

Inhalt

Vorwort 7

Kapitel 1
Ende 1795 bis Anfang 1796 11

Kapitel 2
Anfang 1796 bis Mai 1796 30

Kapitel 3
Mai bis Oktober 1796 59

Kapitel 4
Oktober bis Ende 1796 74

Kapitel 5
Anfang 1797 bis April 1797 95

Kapitel 6
Februar bis Sommer 1797 113

Kapitel 7
Sommer bis November 1797 132

Kapitel 8
Ende 1797 bis Oktober 1798 148

Nachwort 166

Anhang

Kommentierte Auswahlbibliografie 173
Anmerkungen 179
Über den Autor 188

Vorwort

Hölderlin in Frankfurt – das ist die Geschichte einer tragischen Liebe. Es ist, so wird gesagt, die Geschichte der innigen Beziehung zwischen Susette Gontard und Friedrich Hölderlin. Es ist die bekannteste Erzählung aus seinem Leben: Hölderlin war Hauslehrer von Susette Gontards Sohn, fast drei Jahre hat er ihn unterrichtet, bevor er, durch den eifersüchtigen Hausherrn und Ehemann beleidigt, die Familie verließ. Jakob Friedrich Gontard war ein ausgesprochen wohlhabender und einflussreicher Bankier, ein Mensch der Frankfurter Gesellschaft, deren merkantile Ausrichtung, so folgert man weiter, Hölderlin missfallen musste.

Es scheint sich in dieser Erzählung alles so zu fügen, wie es sein muss: Der etwas unsensible Bankier Gontard entdeckt die geheime Liebschaft und jagt den dichtenden Liebhaber zum Teufel. Die Liebenden schreiben sich geheime Briefe. Die Ehefrau bzw. die Geliebte stirbt vier Jahre später an geheimem Gram. Der Liebhaber und Dichter hält länger durch, das traumatische Erlebnis der Trennung aber lässt ihn einige Jahre später der geistigen Nacht anheimfallen. Die Briefe von ihr, die über ein Jahrhundert später gefunden werden, werden gelesen wie Offenbarungen einer unvergleichlichen Seele. Man sah und sieht in ihr nun das Vorbild für Diotima, die Frau in Hölderlins Roman *Hyperion*. Mehr noch, Susette wurde Diotima, zwischen Susette Gontard und Diotima schien kein Unterschied zu bestehen. Als wäre der *Hyperion* ein Buch über Hölderlin.

So klingt eine wunderbar traurige, in sich stimmige, folgerichtige Geschichte. Sie ist nie ernsthaft bezweifelt worden – nicht von Adolf Beck, auf den der größte Anteil des biografischen Wissens über Hölderlin zurückgeht, nicht von den großen Germanisten des vergangenen Jahrhunderts, fast alle passionierte Hölderlinausleger, auch nicht in Peter Härtlings schönem Hölderlin-Roman.

Aber ist es wirklich so gewesen? Lange geheime Liebe, Vorbild für den Roman, dann großes einsames Leid? Wir wissen es nicht. Aber Skepsis, starke Skepsis ist angebracht. Die Geschichte ist zu romantisch, zu schicksalsschwer, die Rollen sind zu eindeutig verteilt, die Liebe zu groß und zu rein. Der spekulative Anteil ist jedenfalls groß.

Wir legen hier eine andere Spur. Sie dreht sich nicht um die Liebe, eine wesentlich private Angelegenheit, sondern um die damals wie heute gesellschaftsrelevante Frage des Geldes. Denn im Hause Gontard standen sich zwei Systeme gegenüber: Poesie und Ökonomie. Hölderlin bei den Gontards, das war eine Begegnung zweier exponierter Positionen, das war eine Schlüsselbegegnung für das Verhältnis von Geist und Geld. Das ist nicht weniger interessant, spannend und ergreifend als die Liebesgeschichte. Und es ist relevant.

Diese Geschichte vom Dichter und dem Banker muss einmal erzählt werden. Es stellt sich in ihr die immer wieder (vor allem bei Erschütterungen des Finanzsystems, damals wie heute) auftauchende Frage nach dem Geld selbst. Was ist wahr? Ist das Geld das, was es scheint? Ist es seinen Preis wert? Ist das, was an Geld kursiert, gedeckt? Das verhandelt sich fast notwendig zwischen den beiden Protagonisten, Hölderlin und Gontard. Wie wir selbst lebten sie in einer Zeit, in der das Geld in seiner alten Form zur Disposition stand. Nicht nur heute, auch damals war das Geld selbst fragwürdig.

Damit steht, in eigenartiger Parallelität, zur Verhandlung: Was von dem, was hier erzählt wird, ist gedeckt? Was ist wahr? Auch in der Erzählung gibt es, wie beim Geld, das Problem der Deckung. Nur, dass es hier nicht der Goldschatz ist, der das Geld deckt, das Münzgeld, das das Papiergeld deckt, das Volksvermögen, das die Staatsschuld deckt; die Deckung ist und bleibt die Wahrheit der Aussage. Auch wenn man akzeptiert, dass es unterschiedliche Fassungen einer Geschichte gibt, bleibt doch die Frage: Ist es so gewesen?

Wir erlauben uns, hier eine alternative Fassung einer allzu bekannten Geschichte zu entwerfen. Die Alternative beansprucht nicht die endgültige Wahrheit, so wie es die traditionelle Fassung oft noch tut. Aber sie hält sich doch für eine notwendige Alternative. An manchen Stellen hat sie sogar den Vorteil, wahrscheinlicher zu sein.

Die Frage nach der biografischen Methodik ist im vorliegenden Fall besonders wichtig. Wie schreibt man über ein Verhältnis, das besondere zeitgeschichtliche Bedeutung hat, zu dem es aber kaum überlieferte Zeugnisse gibt? Wer alles ausschließlich und streng auf belegte Fakten herunterbrechen möchte, handelt legitim, ist aber nicht der Leser, der sich von diesem Buch größten Gewinn versprechen sollte. Denn es gibt auch die Stärken des Auslotens und des spielerischen Erkundens von Möglichkeiten und Wahrheiten, die nur das Erzählen und der Dialog bereithalten. Dazu finden sich im Nachwort und in den Anmerkungen weiterführende Hinweise.

Wir wissen, dass Hölderlin in Frankfurt die meiste Zeit glücklich war. Er sagte es selbst in seinen Briefen. Dieser Umstand wurde aber bisher nie ernst genommen, das Glück wurde nie erkundet, ergründet und ausgemalt. Hölderlin, der große Unglückliche, konnte glücklich sein! Auch davon muss einmal die Rede sein.

Kapitel 1

Ende 1795 bis Anfang 1796

Frankfurt

Als die Straßen eng und der Mensch Fußgänger war, als es nachts dunkel war, als Gedanken sich frei anfühlten, als dauernd irgendwo Krieg war, die Winter lang und kalt, als das Ufer der Stadt voller Schiffe und Boote lag, als der Dom die Stadt weit überragte, als das Geld noch wenig war und die Welt groß und verheißungsvoll ...

Da war die Stadt klein, aber voller Menschen, da war fast alles dreckig und stank, da gab es eine feste Stadtmauer, die sie beschützte, es gab ein Ghetto für die Juden und es gab wenige freie Plätze – am Römerberg, an der Liebfrauenkirche, am Comödienplatz und am Rossmarkt. Es gab die Zeil, eine breite Straße, und Tore mit schweren Türmen, Stadttore, durch die allein man in die Stadt hinein und wieder aus ihr hinaus konnte. Da steckte die Stadt, ihrem Ansehen nach, tief im Mittelalter, auch damals einer fernen Zeit, die aber im Gemäuer doch ganz Gegenwart war. Alles war noch schmierig, so grau und braun, so staubig und dunkel.

Ja, Frankfurt war anders als andere Städte: Freie Reichsstadt. Es gehörte dem Kaiser, aber mehr noch seinen Bürgern. Man konnte sich frei fühlen, und es war doch eine enge Gesellschaft, ein starres Gemeinwesen, eine Patrizierwelt. Geld spielte eine andere Rolle als anderswo, wie wenn man hier irgendwann beschlossen hätte, sich das Geld, dieses merkwürdige Werkzeug, zu eigen zu machen.

Seit dieser zugleich offenen und engen Zeit liebt es diese Stadt, sie liebt es seit damals und bis heute, sich immer wieder neu zu erfinden und die Vergangenheit dem Vergessen zu überlassen. Sie mag es gar nicht, sich in die Breite auszudehnen, sie wächst lieber in die Höhe. Und sie wächst, etwas Seltsames und Seltenes, in ihrem Inneren. Diese Stadt wächst, indem sie sich in ihrem Kern dauernd und immer wieder umbaut, ändert und neu erfindet, so dass schon nach kurzer Zeit niemand mehr weiß, wie sie vorher ausgesehen hat. Sogar alte Karten sind spärlich. So als hätte sich alles so schnell geändert, dass nicht einmal die Kartografen und Grafiker Zeit genug hatten, mit ihren Nachbildungen fertig zu werden, bevor schon wieder alles anders war.

Fast niemand in der Stadt weiß heute, wie sie damals ausgesehen hat, wie die Straßen verliefen, wie sich die Häuser für die Menschen anfühlten.

Als das Geld wenig und die Welt groß war, kam ein junger Mann, 26 Jahre alt, aus Stuttgart und Nürtingen nach Frankfurt am Main. Wir wissen nicht, was dem jungen Mann dort als Erstes auffiel. Sicher dagegen ist: Er kam von Sachsenhausen her, dem anderen Main-Ufer, denn er kam von Süden, erst durch das Affentor, dann über die Alte Brücke, von wo aus er den Dom und die Türme der Stadttore sah, dahinter den Bergrücken des Taunus, von wo aus er auch das Gewimmel der Boote und Menschen am Hafen gesehen haben muss. Dann ging es auf das Fischertor zu.

Betreten der Stadt

Wir stellen uns vor, dass es etwa vier Uhr nachmittags war und gerade dämmerte, schließlich war es Ende Dezember, als der junge Mann die Stadt betrat. Es lag etwas Schnee, das Licht war so grau, wie es hier im Winter oft ist. Es war kein strenger Winter, nicht wie im Jahr zuvor, als der Main lange zugefroren war, es war ein ungemütlicher Wintertag von Kälte, Feuchtigkeit und Düsternis. In der Stadt, die der junge Mann nun betrat, wurden gerade erste Laternen angezündet. War man adlig oder Patrizier, waren es drei Kerzen, die man sich anzünden durfte, war man freier Bürger, zwei Kerzen, war man Bediensteter oder Jude, hatte man nur auf eine Kerze ein Anrecht. Am Fischertor mussten die Ankömmlinge aus der Kutsche aussteigen, sie waren zu zweit, der junge Mann war zusammen mit einem Begleiter gekommen. Sie packten ihre Habe und warfen sie sich über die Schulter, um dann das letzte, kleine Stück ihrer Reise, in der Stadt, zu Fuß zu gehen.

Am Fahrtor fiel dem jungen Mann vielleicht eine prominente Darstellung auf, die Darstellung eines Schweines, auf dem Menschen ritten, an dessen Zitzen die Menschen tranken und dessen Kot sie aßen. Das Schwein war die Judensau, das Bild war vom Rat der Stadt aufgehängt worden. Klar, die Herren mit den typischen Spitzhüten, das waren die Juden, die hier in Frankfurt so zahlreich lebten.

Der junge Mann ging mit seinem Begleiter die Fahrgasse hinauf, eine breitere Straße, auf der die Waren vom und zum Fahrtor gebracht wurden, es ging weiter die Zeil hinunter, die Frankfurter Hauptstraße, bis zum Rossmarkt. Nun wussten sie nicht mehr, wo sie lang sollten, der junge Mann fragte nach dem Weg und war überrascht, dass er dabei größere Verständigungsschwierigkeiten wegen seines schwäbischen Dialekts hatte. Es waren nur noch ein paar Schritte, dann sollte das Hotel kommen, Stadt Mainz hieß es, dort würden sie übernachten. Nun war es ganz dunkel. Trotzdem fanden sie das Haus, die beiden Reisenden bekamen ein reichhaltiges Essen, sprachen dabei nicht viel.

– Gute Nacht, Vetter.

Jeder ging in sein Zimmer, sie waren auf ihrer gemeinsamen Reise meist früh zu Bett gegangen. So auch jetzt.

– Ja, gute Nacht!

Wir wissen nicht, was Friedrich Hölderlin dachte, als er Ende 1795 seine schwäbische Heimat verlassen hatte und in Frankfurt am Main ankam. Wir wissen aber, es war nicht das erste Mal, dass er weg war von zu Hause, er war länger in Walterhausen und Jena gewesen, wir wissen, schon zu Hause war er unbehaust gewesen, wir wissen, dass er Angst hatte, in seiner Heimat zum Pfarrer gemacht zu werden, dass er sich noch nicht traute, sich Dichter zu nennen. Und dass er wegen einer Hofmeisterstelle nach Frankfurt gekommen war.

Geist der Nacht

Wir wissen es selbstverständlich nicht, aber vielleicht ging Hölderlin an diesem düsteren Abend noch einmal hinaus in die fremde Welt der dunklen, kalten Stadt. Vielleicht war er neugierig, vielleicht wollte er nicht mit sich allein sein. Wir stellen uns vor, er ging, mehr zufällig als absichtsvoll, Richtung Römerberg und Dom. Auch jetzt, in der Dunkelheit, war im Schimmer der wenigen Laternen deutlich, dass manche Häuser sehr stattlich waren. Genau aber konnte man es nicht erkennen. Enge, dunkle Gassen wirkten im spärlichen Licht noch enger und undurchdringlicher. Man konnte das Gefühl haben, verschluckt zu werden. Man konnte Lachen, Reden, Stöhnen, Schreien aus den Häusern hören, alles durcheinander. Lichter bewegten sich, Schatten huschten, meist aber war es so dunkel, dass man gar nichts sehen konnte.

Nachdem Hölderlin so eine Weile durch die Gassen gegangen war, nachdem er sich vorwärts getastet hatte, nachdem er der dunklen Stadt gelauscht hatte, wusste er nicht mehr, woher er gekommen war. Es war nicht Angst, was ihn befiel. Er würde den Weg zurück schon wiederfinden. Und er konnte ja auch fragen. Man würde ihn schon verstehen. Vor der Angst spürt man Unbehaustheit, eine Verlorenheit, die die Wahrnehmung schärft. Hölderlin hatte das Gefühl, alles, was um ihn herum war, wahrnehmen zu können. Auch das, was er nicht sah oder hörte, alle Häuser, alle Menschen, die Luft und die Dunkelheit, und er spürte, wie diese Unbehaustheit hätte groß und größer werden können, wie sie zu einem dröhnenden Ton anschwellen konnte, der aus allem und jedem herausdrang.

Wie fremd ihm das hier alles vorkam! War er nicht furchtbar fehl am Platz? Gehörte er nicht anderswohin? Vielleicht fragte er sich tatsächlich so. Gehörte er nicht anderswohin, dort, wo es Licht und Wärme und Weite gab?

Geist des Geldes

Hölderlins Vetter, das immerhin wissen wir genau, blieb eine Nacht in Frankfurt und reiste am nächsten Morgen weiter. Das Wetter war jetzt herrlich. Der Himmel war blau, die Sonne strahlte, die Luft war kalt.

– Dank dir, Vetter! Gute Reise, Vetter.

Sie waren gemeinsam im Postwagen nach Frankfurt gereist, es war beschwerlich und langwierig gewesen, sie waren sich ein wenig nähergekommen, aber auch nur ein wenig. Nun fuhr der Vetter allein, wieder in einem Postwagen – denn so reiste man, wenn man kein Geld für eine eigene Kutsche hatte –, weiter nach Jena.

In Jena war der Geist zu Hause, dort war Fichte, dort war Schiller und dort war auch Hölderlin gewesen. Und hier? Was war hier? Hier in Frankfurt? Hölderlin wusste es nicht.

Er winkte noch einmal und ging der abfahrenden Kutsche langsam hinterher. Dann stand er allein vor dem Tor. Jetzt war er da, Hölderlin stand auf der Straße, er schaute noch, als die Kutsche längst hinter der Brücke verschwunden war. Dann drehte er sich um, sah wieder die Judensau und ging zurück in die Stadt.

Was sollte er nun tun?

Ob die Gontards schon wussten, dass er angekommen war? Sicher, das Hotel hatte bestimmt Mitteilung gemacht. Das Zimmer war ja auch für ihn bereitet gewesen, als sie ankamen. Sie schienen im Hotel genau Bescheid zu wissen. Er aber wusste, dass er bei den Gontards noch nicht gebraucht wurde. Ob er sich trotzdem vorstellen sollte? Oder war das aufdringlich?

Hölderlin durchstreifte weiter die Stadt, die er nun im hellen Licht zum ersten Mal wirklich sah. Eigentlich war es überhaupt die erste richtige Stadt, die er sah. Einige Häuser sahen nicht nur prächtig, sondern auch freundlich aus. Das Treiben in den Straßen wirkte geschäftig, beherzt und zupackend. Die Rufe waren nicht böse, sondern frisch, die Leute gingen schnell, aber sie gaben aufeinander Acht. Es lag etwas Frohes, etwas Freies, etwas Offenes in der Luft. Ja, die Stadt war eng und mittelalterlich, sie war eine Stadt alter Familien, die schon immer hier gewesen waren, eine Stadt der Pfründen, sie war düster und sie stank – und doch war es ein freier, lebendiger Geist, der hier durch die kalten Straßen zog und den Hölderlin zu spüren meinte. Komm! ins Offene ...

Es war, auf diese Idee kam Hölderlin vermutlich nicht, der Geist des Geldes, der sich zeigte, ein dynamischer Geist, ein aufbruchsfroher Geist, ein verheißungsvoller Geist. Wer Geld macht, sagte dieser Geist, kann selbständig werden, ein freier Mann (von Frauen war damals nicht die Rede). Und Geld machen, das konnte man in Frankfurt schon damals besser als anderswo. Die Stadt war nicht nur Handelsstadt, sie war nicht nur Messestadt, sie war auch die Stadt dieser neuen Bankiers, die mit Geld umzugehen wussten, die für die vielen Klein- und Großfürsten der Umgebung immer einen Kredit hatten, die sogar Europas Höfe mit Geld versorgten, die alles finanzierten, was finanziert werden wollte, die vorstreckten und zuschossen und die es dabei so gut verstanden, selbst einen Profit zu machen.

Der junge Hölderlin durchstreifte diese Stadt, die ihm vermutlich groß vorkam, obwohl sie doch winzig war, einen knappen Kilometer maß sie von einem Tor zum anderen, er war fasziniert vom strahlenden, geschäftigen Treiben.

Henry

Als er nach seiner langen Stadterkundung am Nachmittag zurück in das Zimmer seines Hotels kam, saß dort ein Junge. Er sprang vom Stuhl auf, als Hölderlin den Raum betrat. Vielleicht hatte er schon länger hier gesessen und gewartet. Er verbeugte sich und nannte seinen Namen. Es war sein neuer Zögling, Henry Gontard, der sich vorstellte und höflich nach Hölderlins Befinden fragte.
– Wie war ihre Reise, Herr Hölderlin?
– Oh, es war beschwerlich, das tut mir leid. Ich hoffe, hier fühlen Sie sich nun wohl.
– Und wie lange dauerte ihre Reise?
– Drei Tage! Ja, im Winter ist das Reisen nicht so einfach.
– Sind Ihnen unterwegs französische Soldaten begegnet?
Henry fragte und redete nicht nur, er richtete auch Willkommensgrüße von den Eltern aus und lud Hölderlin zu einem Besuch in zwei Tagen ein. Die Eltern würden ihn im Haus am Hirschgraben erwarten. Er war ein ausgesprochen artiger Junge, gesprächig, nicht so verstockt wie sein letzter Schüler. Hölderlin war hocherfreut. Er fragte klug und offen, ohne vorlaut zu sein.

Der Vater von Henry, einer dieser neuen, äußerst umtriebigen Frankfurter Geschäftsleute, war der ebenfalls noch junge Jakob Friedrich Gontard. Jakob Friedrich war 31 Jahre alt. Die Gontards lebten noch nicht sehr lange in Frankfurt, es war keine der alteingesessenen Frankfurter Familien. Erst vor zwei Generationen waren sie aus der Dauphiné, aus Grenoble, eingewandert, eine der vielen Hugenottenfamilien, die aus Frankreich geflohen waren. Und doch waren die Gontards bereits eine weitverzweigte Familie in Frankfurt und waren hier zu beachtlichem Wohlstand gekommen. Ein paar Jahre später würde die berühmte Madame de Staël sagen, dass man in Frankfurt im Allgemeinen Französisch spreche und Gontard heiße. Diese Frankfurter Gontards hatten, wie andere Zugewanderte auch, eine

Weltläufigkeit und Erfahrung, die ihnen die Handels- und Bankgeschäfte erleichterte.

Nun hatte Jakob Friedrich Gontard schon seit längerem nach einem Erzieher für seinen Sohn Heinrich gesucht, acht Jahre war der alt, und es war Zeit, dass er eine ordentliche Geistes- und Herzensbildung bekam. Von Johann Ebel, dem Familienarzt, hatten sie von Hölderlin gehört. Die beiden hatten sich in Heidelberg kennengelernt, Hölderlin hatte sich anscheinend intensiv mit Erziehung beschäftigt. Ebel schilderte ihn als einen gebildeten, empfindsamen Schwaben. Das war gut.

Trotzdem hatten die Gontards, Jakob Friedrich und seine Frau Susette, bei der Verpflichtung des Lehrers noch eine Zeitlang gezögert. Sie waren unsicher, sie sorgten sich sehr um die Erziehung ihres Ältesten. Die revolutionären Franzosen bedrohten trotz des Basler Friedens die Stadt Frankfurt. Mainz, die Festung, hatten sie genommen. Vielleicht würde man fliehen müssen. Man nahm diese Sache ernst, mit Flucht kannte man sich aus. Außerdem war die Mutter der Hausherrin vor zwei Jahren gestorben, und der neue Lehrer würde ihr Zimmer beziehen. Auch da musste man behutsam sein und sich Zeit lassen.

Ungeduld

Hölderlin dagegen war ausgesprochen ungeduldig. Er hielt das Warten kaum aus. Die württembergischen Pfarreien, von denen er nach dem festen Willen seiner verehrungswürdigen Mutter eine übernehmen sollte, saßen ihm im Nacken, und er war ohnehin ein nervöser, unruhiger Charakter.

Das war Jakob Friedrich Gontard, in seiner Familie Cobus genannt, eigentlich auch. Aber das wusste Hölderlin selbstverständlich nicht. Sie hatten einen verwandten Zug, der Mann der Dichtung und Erziehung und der Mann des Handels und des Geldes.

Am nächsten Tag nahm Hölderlin all seine Kraft zusammen, um nicht die ganze Zeit das Haus der Gontards zu beobachten. Er war neugierig. Also entschied er sich für einen kleinen Besuch bei Ebel, der ihm die Stelle vermittelt hatte. Offenbar schätzte Ebel die Gontards ganz ausgesprochen – er sprach in warmen Worten von ihrer Unaufgeregtheit, ihrer Menschenfreundlichkeit, ihrer Verlässlichkeit.

– Und doch ist für mich jeder Besuch in diesem Hause auch schmerzlich. Sie wissen es nicht, Hölderlin, aber ich habe besondere Beziehungen in dieses Haus. Gontards jüngere Schwester ist ein wunderbares Wesen, Margarete, sie ist fröhlich, freundlich, unaufgeregt. Sie ist bescheiden. Sie werden sehen. Man denkt nicht an Schönheit, wenn man sie sieht, bestimmt nicht! Die Blattern haben sie entstellt. Das macht es für sie im Hause der Gontard, wo auf gutes Aussehen so viel Wert gelegt wird, alles andere als leicht. Man liebt die Schönheit bei den Gontards. Aber wenn Sie sie kennenlernen, werden Sie sehen, Hölderlin, was für ein schönes Geschöpf Margarete ist. Wir sind uns nah. Man erlaubt mir, sie zu sehen. Aber mehr erlaubt man mir nicht, man erlaubt mir nicht, sie zu heiraten. Ich kann das verstehen! Ich bin ein armer Schlucker. Was habe ich ihr zu bieten? Die Gontards sind anderes gewohnt. Arme Margarete! Ich kann damit leben. Wenn auch schwer! Aber Margarete?

Ebel schien gar nicht mehr aufhören zu wollen, die Sache beschäftigte ihn sehr. Aber schon nach kurzer Zeit überraschte Ebel Hölderlin noch mehr.

– Die Gontards sind wohlhabend und einflussreich, aber sie sind, ganz ohne Zweifel, auch gute Menschen. Sie haben Glück, Hölderlin. Sie werden sich dort wohlfühlen. Aber das ist doch auch wieder nur alles Zufall, normalerweise sind die Mächtigen anders. Schauen Sie sich den Landgrafen von Hessen-Kassel an, ein wahres Monstrum, das seine armen Untertanen unter- und niederdrückt, wie es ihm gefällt. Er presst sie aus. Wir brauchen eine neue Ordnung, Hölderlin. Die Zeit ist reif für die Revolution.

Hölderlin fühlte sich der Revolution verbunden. Aber so deutlich hätte er sich wohl nicht geäußert. Er wollte vorsichtig sein. So reagierte er nicht auf Ebels offene Worte.

- Sie brauchen keine Angst haben. Die Gontards sind durch und durch konservativ. Sie wollen, dass alles so bleibt, wie es ist. Warum auch sollte sich für sie etwas ändern? Gontard ist klug. Er hält sich politisch zurück. *Les affaires avant tout*, meint er immer, Geschäft geht vor, und will damit sagen, er stehe auf keiner politischen Seite. Und das stimmt auch.
- Das heißt, er akzeptiert die republikanische Sicht der Dinge?
- Das vielleicht nicht gerade, aber er ist sicher auch kein Royalist. Gontard meint vor allem, man kann immer Geschäfte machen, egal unter welcher Herrschaft. *Les affaires avant tout.*

Beim Abschied sagte Ebel:
- Die Franzosen werden kommen, Hölderlin, so oder so. Sie werden sehen.

Antrittsbesuch

Hölderlin war ungeduldig, voll gespannter Erwartung. Er kannte das Gebäude im Großen Hirschgraben bereits, er war mehrfach davor vorbeigegangen, hatte das schöne Haus schon mehrfach angesehen, er kannte den Weg vom Hotel dorthin, es waren nur ein paar Schritte. Er ging zu früh los, viel zu früh, er zwang sich zu einem Umweg.

Hölderlin klopfte, als die Uhr den vierten Schlag machte.

Ein Diener, selbstverständlich in Livree, öffnete, geleitete ihn in den hinteren Teil des ausgesprochen geschmackvollen

Hauses, repräsentativ und wohnlich zugleich, aber das fiel dem jungen, hochgespannten Mann in diesem Moment nicht auf. Er war zu aufgeregt.

Der Diener öffnete eine große Flügeltür: Monsieur Ollderline!

Spricht man hier im Hause nur Französisch?

Ein Hüne, dachte Jakob Gontard, als Hölderlin den Raum betrat. Und: wie vornehm er aussieht. Ebel hat nicht übertrieben.

Gontard stand an einem der großen Fenster, die auf den Garten hinausgingen. Er machte einige Schritte auf seinen Gast zu.

– Monsieur Ollderline, er sprach das Hölderlin sehr französisch aus, vielen Dank für Ihre Bereitschaft, diese wichtige Aufgabe zu übernehmen. Ich bin hoch erfreut, dass wir uns nun kennenlernen.

Gontard machte eine kleine Pause, aber Hölderlin sagte nichts.

– Wir sind alle sehr froh, dass Sie jetzt kommen, glauben Sie mir. Es wird noch etwas dauern, bis wir für den Unterricht bereit sind, aber es soll Ihnen bis dahin an nichts fehlen.

– Ehrerbietigsten Dank, Monsieur. Alles ist schon jetzt zu meiner Zufriedenheit. Man hatte mich im Hotel bereits erwartet.

Hölderlin hatte sich diesen Satz zurechtgelegt. Er wollte unter gar keinen Umständen hölzern erscheinen.

– Meine Frau freut sich besonders, dass Sie nun da sind.

Von der Frau war nichts zu sehen, obwohl es doch geheißen hatte, dass die Familie ihn erwarte.

– Und meinen Sohn Henry haben Sie ja bereits kennengelernt. Er hat uns von ihrem Treffen Bericht gegeben.

– Ja, ein guter und aufgeschlossener Junge, scheint mir.

– Er sagte gestern, nach dem Besuch, dass er sich freue, endlich wieder richtigen Unterricht zu bekommen. Und einen Lehrer ganz für sich zu haben.

– Wir werden versuchen, auf seine Erwartungen einzugehen, und ihm doch auch eine feste Richtung zu geben.

– Wir haben ihr Traktat zur Erziehung gelesen, Monsieur Ollderline, wir finden es ansprechend und einleuchtend. Auch ich schätze Rousseau. Aber lassen Sie mich trotzdem etwas dazu sagen. Ich denke, am Ende kommt es in der Erziehung doch auf den Menschen an. Reagieren sie als Mensch auf den Jungen, und es wird schon alles seine Richtigkeit haben!

Hölderlin horchte auf. Der Mann hatte offenbar tatsächlich fortschrittliche Ansichten, so wie ihm Ebel das berichtet hatte. Ein solcher Satz hätte auch von Hölderlin selbst oder von Ebel kommen können. Gontard sprach weiter, er kam noch näher und senkte die Stimme etwas. Ihm schien es damit wirklich ernst zu sein.

– Ich vertraue Ihnen meinen Sohn an, Herr Hölderlin. Das ist für mich nichts Gewöhnliches. Ich kann mich nicht um seine Erziehung kümmern, aber mir liegt seine Ausbildung sehr am Herzen. Wie übrigens auch meiner Frau, die Sie bei nächster Gelegenheit bestimmt kennenlernen werden.

Was für ein eigenartiger Mensch, dachte Hölderlin. Er war ihm nicht unsympathisch.

Erziehung

Hölderlin war erschrocken, als er Gontard gesehen hatte. Sein linkes Auge blickte schief und starr nach oben, sein Blick war verdreht, die beiden Augen schauten in unterschiedliche Richtungen. Man hatte nicht das Gefühl, dass dieser Mann einen ansehen konnte. Und doch war er ihm schon jetzt auf eine merkwürdige Weise nahegekommen.

Er war groß, trotzdem hatte er etwas Weiches, ein wenig zu korpulent, ein wenig zu vornehm. Auf Hölderlin wirkte er wirklich sehr französisch.

Und er liebte seinen Sohn.

- Wir fragen uns, ob sie nicht ein wenig viel von Henry erwarten. Ich weiß nicht, ob er bereit ist, Philosophie, und sei es auch die von Rousseau, zu hören.
- Befürchten Sie nicht, dass ich von dem Kinde Wunder erwarte! Ich weiß zu gut, wie viel Verdruss eine zu hochgespannte Erziehung erzeugen kann. Ich weiß zu gut, dass die Natur nur stufenweise sich entwickelt, und dass man jedes Kind nach seinen Kräften wachsen lassen soll.

Gontard hatte offenbar einen wunden Punkt Hölderlins berührt. Der sprach weiter:
- Ich glaube auch, dass die Ungeduld, mit welcher man seinem Zwecke zueilt, die Klippe ist, woran gerade oft die besten Menschen zerschellen. So auch und vor allem in der Erziehung. Man möchte so gerne in sechs Tagen mit seinem Schöpfungswerke zu Ende sein. Das Kind soll dann Bedürfnisse befriedigen, die es noch nicht hat! Es soll vernünftige Dinge anhören und fassen, ohne Vernunft! Das macht dann die Erzieher, weil sie auf dem rechten Wege ihre Absicht nicht erreichen, tyrannisch und ungerecht. Und das wiederum macht den Erzieher und den Zögling gleich elend.

Hölderlin stockte, endlich spürte er, dass er viel zu viel geredet hatte. Gontard, der es selbstverständlich ebenfalls bemerkt hatte, wusste souverän und wohlwollend damit umzugehen.
- Vielen Dank für ihre Offenheit, Herr Hölderlin. Ich bin gewiss, wir werden miteinander auskommen. Auch Sie scheinen mir Fragen des Taktes Gewicht beizumessen. Ein Feld, das gerade in den Geschäften, für die mein Sohn sich bilden und für die er vorbereitet werden muss, von schwer zu überschätzender Bedeutung ist.
- Ich teile ihre Einschätzung, und vielleicht darf ich noch einen kleinen Schritt weitergehen. Ich bin gewiss, dass in der Erziehung, wie überall, Gerechtigkeit das erste Gesetz ist, das man zu befolgen hat.

– Mmh, auch ich bin sehr geneigt, zu glauben, dass Gerechtigkeit ein guter Maßstab ist.
– Es ist wohl, wie überall, auch in der Erziehung eine durchgängige bis ins kleinste Detail konsequente Gerechtigkeit die beste Klugheit.
– Wenn ich es richtig sehe, neigt sie, die Gerechtigkeit, manchmal dazu, einen in diffizile Probleme zu verstricken. Aber noch mal, ich danke Ihnen für Ihre Offenheit und Deutlichkeit, lieber Hölderlin. Nun aber muss ich mich wieder den Geschäften zuwenden. Gestatten Sie, dass ich Sie zur Tür geleite.

Ein eigenartiger Mann, dachte Gontard, ein eigenartiger Mann, so groß und wohlgestaltet, regelrecht stattlich, als er Hölderlin nachblickte. So eifrig und klug. Fast selbst noch ein Kind.

Seine Frau betrat den Raum, als Hölderlin gegangen war.
– Aber was soll ich sagen, Susette, er gefällt mir ausgesprochen gut. Er ist groß und sieht gut aus. Ein stattlicher Mann. Er hat das Herz am rechten Fleck, da bin ich mir, ich weiß nicht warum, sehr sicher.

Frankfurter Staats-Ristretto mit röm. kaiserl. Majestät allergnädigstem Privilegio. 1796 No. 2, Samstag den 2. Januar

London, vom 18. December. Auf dem Geldmarkte in der Bank breitete man gestern aus leicht begreiflichen Ursachen das Gerücht aus, daß bei der angekommenen Nachricht der Königl. Botschaft zu einer Friedensnegociation ganz Paris erleuchtet gewesen sey, u. daß wirklich schon 2 Kommissarien von dorther in London angekommen wären … Alles scheint sich immer mehr zum Frieden hinzuneigen.

Paris, vom 22. Dez. Man erkannte die Nothwendigkeit, eine neue Brieftaxe zu machen, aber man verwarf den

> Vorschlag, sie in klingendem Geld zu bestimmen, und in Assignaten zu 10 für 1 anzunehmen. Das Briefporto wurde folgendermaßen in Assignaten festgesetzt. Ein einfacher Brief kostet innerhalb 50 Meilen 2 L. 10 S., innerhalb 100 Meilen 5 Liv., 150 Meilen 7 L., 10 S., und über 150 Meilen 10 Liv.
>
> Frankfurt, vom 1. Jan. Noch immer spricht man recht viel von einem Waffenstillstand, aber wir bedauern deßfalls, noch wenig mehr zu wissen, als daß man mit Zuverlässigkeit, wenn auch eine solche Übereinkunft statthaben sollte, davon weder das nähere anzugeben weiß, noch auch behaupten kann, daß der Waffenstillstand den Heeren, oder sonsten officiell bekannt gemacht worden sey.

Auch Hölderlin hatte, als er das Haus verließ, auf der Gasse endlich wieder zu Sinnen kam und über das Erlebte nachdachte, von Gontard einen guten Eindruck. Ein Mann, dachte er, der seiner inneren Stimme folgt.

Gesellschaft

Hölderlin sollte alles andere als einsam sein in Frankfurt. Er war manchmal allein, aber einsam war er nicht. Er wird in Frankfurt bei verschiedenen Empfängen nicht nur die halbe Gesellschaft der Stadt kennenlernen. Er wird hier auch Umgang mit bedeutenden Geistern haben. Er wird Schelling und Hegel treffen, die seine Freunde waren, Hegel regelmäßig, er wird eine Unterredung mit Goethe haben, jenem schon damals berühmten Sohn der Stadt, Goethe, der das Menschsein in die Mittelalterfigur Faust packte, in ein Drama, das er über zwanzig Jahre vor dem Beginn dieser Geschichte in Frankfurt begonnen hatte und an dem er sein Leben lang weiterschreiben würde. Regelmäßig wird Hölderlin in Bad Homburg seinen Freund Isaac von Sinclair treffen, einen leidenschaftlichen Revolutionär, er wird bis zu dessen Abreise ein freundschaftliches Verhältnis mit Ebel unterhalten, ebenfalls Revolutionär. Hölderlin wird über die beiden weitere Bekanntschaften machen, die in diesem Buch kaum auftreten werden, die Hölderlins Leben aber bereichert haben. Er wird den hochgebildeten Naturforscher, Arzt und Autor Samuel Thomas Soemmerring kennenlernen. Er wird mit seinen Freunden und der Familie korrespondieren und weiter in Kontakt mit Schiller stehen. Wäre er ein paar Monate früher nach Frankfurt gekommen, hätte er sogar den jungen Heinrich von Kleist treffen können, der Anfang 1795 als Seconde-Lieutenant der preußischen Armee in Frankfurt stationiert war. Es war also alles andere als ein einsamer Ort, an dem Hölderlin sich da wiederfand.

Nun aber hatte er eine Woche lang, bis er sich wieder im Hause Gontard vorstellig werden sollte, nichts zu tun. Also, stellen wir uns vor, wanderte Hölderlin, obwohl es ausgesprochen beschwerlich war, durch die feuchten, verschneiten Wiesen und Wälder und über vermatschte Wege nach Bad Homburg. Ab und an kam die Sonne durch, obwohl der Himmel wintergrau und trübe war, ab und an hörte er nicht nur ein Huschen oder Knacken im Gehölz, es machte sich sogar zaghaft ein Vogel vernehmbar, ab und an fiel ihm auf seinem Wege ein Gehöft ins Auge, mit einer Baumgruppe, einer Scheune, mit Wegen und Büschen, gar einem Mühlrad, fast immer war es ein herzwärmender Anblick, ab und an begegnete er auch einem Menschen, einsam gehend wie er selbst, der dann freundlich schaute und grüßte. Die Welt lebt!

Mag sein, dass es Momente schönster Freiheit waren und dass es auch an der Umgebung lag, aber eigentlich war das Wandern Hölderlin doch eine reine Lust, und er hatte nun ein Gefühl von Aufbruch, das er im Postwagen mit dem Vetter auf der Reise nach Frankfurt vermisst hatte. Er war von gespannter Vorfreude auf Sinclair, der ihn in Bad Homburg bestimmt ebenso sehnlichst erwartete, da war er sicher. Dort hatte er, gerade so wie Hölderlin in Frankfurt, zu Beginn des Jahres eine Stelle beim Landgrafen von Hessen-Homburg angetreten, dort oder in Frankfurt könnten sich die beiden Freunde nun immer wieder treffen.

Dann, es sind noch mehrere Kilometer bis Bad Homburg, vergaß Hölderlin vor Glück die Umgebung; er dachte nur mehr eigene, ganz freie Gedanken. Es waren Gedanken, die ihm kaum zu greifen schienen und doch das Wichtigste seiner Persönlichkeit ausmachten. Greifbarkeit, das war es nicht, worum es Hölderlin ging. Es war dieses Gefühl der Freiheit, das ihn überwältigte, das er so sehr liebte. Das war, das ist Hölderlins Glück. Er spürte, wie alles zusammenhing, wie alles verbunden war, und er fühlte sich frei und unabhängig.

Da lag das schöne Bad Homburg auch schon vor ihm, leicht vor die ansteigende Höhe geschmiegt.

Sinclair

Nach der warmen, aufgeregten Begrüßung berichtete Hölderlin Sinclair von seinem Eindruck im Hause Gontard.

– Ja, es sind gute, liebe Menschen, mein Sinclair. Ich habe bisher nur den Herrn kennengelernt, aber die Dame wird nicht anders sein. Henry, mein Schützling, ist offen und begabt, wenn ich mich nicht täusche. Es mag tatsächlich alles seinen guten Weg nehmen. Selten war ich glücklicher und selten, wenn ich es denn so sagen darf, ohne es zu versuchen, hat das Glück es günstiger mit mir gemeint.

– Sagte ich es nicht, Hölderlin? Es wird sich alles finden.

– Auch Frankfurt scheint mir gut. Eine geschäftige Stadt, ein wenig eng, ein wenig viele Menschen vielleicht, aber man scheint hier leben zu können. Und das Haus zum Weißen Hirschen, wo die Gontards wohnen, ist die reine Wonne.

Es liegt mitten in der Stadt und ist doch von dem idyllischsten Garten umgeben.

Hölderlin war froh und erregt. Sie sprachen von gemeinsamen Jenaer Tagen, wo sie zusammen in einem Gartenhaus gewohnt hatten. Sie hatten gemeinsam Fichtes Vorlesungen gehört und darüber diskutiert. Die Stimmung damals war revolutionär gewesen, Sinclair wie Hölderlin hatten leidenschaftlich den Republikanern zugeneigt. Nun, wenngleich radikal geblieben, hier in Frankfurt und Homburg, in fürstlichem Dienst und als Hofmeister, legten sie sich etwas mehr Zurückhaltung auf. Sie hatten zwei unterschiedliche Stellen, aber eigentlich hatte sich seit den gemeinsamen Stunden im Gartenhause nichts geändert.

– Die absolute Monarchie hat keine Zukunft, sie existierte nie richtig.
– Eines kann ich dir vertrauen, Hölderlin. Wenn die Franzosen hier sind, und sie werden kommen, dann werde ich sie mit offenen Armen begrüßen. Ich werde meinem Herrn treu und loyal dienen, aber nur bis die Franzosen hier sind und das überkommene Fürstentum verschwindet.
– Ich weiß noch nicht, wie sehr Gontard gegen die Revolution ist, was er von der Monarchie denkt. Ich glaube, er ist sehr für die Frankfurter Freiheiten, und er will nicht gern jemanden über sich sehen. Aber er ist doch alles andere als ein Revolutionär.

Sinclairs und Hölderlins Lage hatte sich nun doch sehr geändert, aber sie hatten immer noch das Glück, sich ab und an besuchen zu können.

Sie sprachen über die Zeit in Jena, über Fichte, über Schelling. Sie erinnerten sich an die gemeinsame Zeit im Gartenhaus, als sie sich in Zärtlichkeit nahe gewesen waren.

Sinclairs Homburger Mentoren, der Pfarrer Philipp Jakob Leutwein und Hofrat Franz Wilhelm Jung, kamen vorbei, verständige Menschen beide. Jung schien wie Hölderlin eine starke Neigung zu den Griechen gefasst zu haben.

Natur

Zwei Monate bevor Hölderlin nach Frankfurt aufgebrochen war, hatte er alle seine Kraft zusammengenommen, er hatte sich über das Gefühl, in Schillers Augen nicht würdig zu sein, hinweggesetzt, er hatte an den hochverehrten, ja vergötterten Friedrich Schiller zwei Gedichte zur Veröffentlichung geschickt, »Der Gott der Jugend« und »An die Natur«.

Schiller, der über die Qualität etwas unsicher war, gab die Texte an Wilhelm von Humboldt weiter. Humboldt mochte sie nicht, woraufhin sie Schiller nicht in seinen Musen-Almanach aufnahm.

Womit er nicht recht getan hat, wie Hölderlin später gegenüber seinem Freund Neuffer bestimmt, enttäuscht und etwas traurig sagte. Sein Selbstbewusstsein wuchs. Hölderlin schien sein Gedicht »An die Natur« wahr und rein, heiter und lauter, einfach und gelungen.

Man kann es als eine Vorwegnahme seines kommenden Zustands lesen.

Die zweite Strophe lautet:

Da zur Sonne noch mein Herz sich wandte,
Als vernähme seine Töne sie,
Und die Sterne seine Brüder nannte,
Und den Frühling Gottes Melodie,
Da im Hauche, der den Hain bewegte,
Noch dein Geist, dein Geist der Freude sich
In des Herzens stiller Welle regte,
Da umfiengen goldne Tage mich.

Kapitel 2

Anfang 1796 bis Mai 1796

Theater

Noch nie hatte Hölderlin ein solch großes Theater besucht. Gontard hatte ihn als Begleitung bestimmt. Die paar Schritte zum Comödienplatz hatten sie schnell hinter sich gebracht, dort standen zahlreiche Kutschen. Mademoiselle Redséer, wie Gontard die Erzieherin Marie Rätzer nannte (so wie Hölderlin meist immer noch Ollderline hieß), war in Begleitung Henriettes, der ältesten Tochter der Gontards. Hölderlin war mit Henry, und Gontard wurde von seiner Frau begleitet.

Es hatte in der Vergangenheit viel Streit um das Frankfurter Theater gegeben, Fremde hatten allzu gern darüber gespottet, die Lutheraner und andere Protestanten hatten lange nicht einsehen wollen, wofür es gut sein sollte. Aber das »Comödienhaus« war dann doch gebaut worden, im klassizistischen Stil, und mittlerweile war es der Stolz der Stadt. Das Gebäude war groß, stattlich und zurückhaltend. Dann war den Frankfurtern, die immer gern auf gehobene Ansprüche achteten, die vollkommen belanglose Stückauswahl aufgestoßen, die beliebig wechselnden Schauspieler, überhaupt die fehlende Linie. Man wollte eine stehende Bühne, wie sie zum Beispiel Hamburg hatte. Gontard und seine Frau – sie kam aus Hamburg – kannten den Unterschied ziemlich genau.

So war in Frankfurt, als das Theater Zentrum der Auseinandersetzung und Unterhaltung wurde, ein Aktienunternehmen gegründet worden, sechzig Bürger – es waren die angesehensten – hatten Papiere zu je 550 Gulden gezeichnet. So waren 33 000 Gulden als Kapital zusammengekommen. Das Theater war von der Stadt gepachtet und eine Theaterleitung nach dem Geschmack der Bürgerschaft eingesetzt worden. Mittlerweile war sogar der Hugenotte Gontard stolz auf »sein« Theater, man besuchte es regelmäßig.

Das einzige, woran Hölderlin dachte, als er jetzt auf das Gebäude zuschritt, das er bisher nur von außen gesehen hatte: Vor zwölf Jahren war hier Schiller uraufgeführt worden, *Kabale und Liebe*. Schiller, der Name versetzte ihn wieder in Erregung. Niemanden verehrte Hölderlin so sehr wie Friedrich Schiller.

Eine Gruppe von mehreren Männern, selbstverständlich waren die Frauen auch dabei, wandte sich Gontard zu, als er mit den Seinen durch eine der schmalen, hohen Türen das Foyer betrat. Hölderlin hätte allseits eine gewisse Achtung und Ehrerbietung gegenüber seinem Arbeitgeber spüren können.

– *Est-que je peux introduire Monsieur Ollderline?*
Gontard wandte sich an die Umstehenden. Hölderlin beeilte sich, sich mit Form zu verbeugen.

– *Il enseignera notre fils, Henry.*

Nun war es am kleinen Henry, sich zu verbeugen, was der auch tat. Sein Lächeln war verbindlich, und er hatte im Benehmen bereits jene lässige Ungezwungenheit, die Hölderlin abging. Gontard liebte es, die allgemeinen Floskeln, die ohnehin jeder verstand, in Französisch zu kleiden, um auf seine Herkunft hinzuweisen und sich einen exquisiten Anstrich zu geben.

Madame Gontard wandte sich mit Mademoiselle Rätzer und der kleinen Henriette den anderen Damen zu. Hölderlin blieb mit Henry, einen Hauch abseits, in der Gruppe der Männer stehen.

Seit zwei Wochen war er nun bei den Gontards.

Foyer

– Wir sprachen gerade über England, Cobus.
Einem kleinen, älteren Herrn lag offenbar daran, Gontard mit dem nur in der Familie vertrauten Vornamen Cobus anzusprechen. Er versank fast in seinem Mantel und versuchte einen gemütlichen und gütlichen Eindruck zu erwecken.

– Die Engländer sind nicht zu begreifen, sie kochen immer ihr eigenes Süppchen, sie sind unersättlich, fuhr er fort, aber auch bei ihnen dreht sich das meiste um das Geld. Es scheint, sie wollen tatsächlich, trotz angespannter Staatsfinanzen, den Krieg gegen Frankreich. Bei den Franzosen sind die Kassen leer, wie man hört. Aber irgendwie scheinen sie doch über enorme Summen zu verfügen. Niemand kann sagen, wo sie das Geld hernehmen.

Es war Johann Friedrich Scharff, der schon so lange, wie man denken konnte, im Speditions-, Bank- und Weinhandelshaus von Jordis arbeitete und dort fast ebenso lang Teilhaber war. Ein Urgestein des Frankfurter Finanzwesens.

– Es ist wie Zauberei, meinte ein anderer.
– Nein, es ist noch immer die Revolution.

Gontard klang bestimmt, er konnte es nicht leiden, wenn man beim Geld von Zauberei sprach. Scharff, der Gontards heftige Art kannte, fuhr ungerührt fort.

– Und jetzt bringt der Landgraf wieder neues Geld auf den Markt. Er scheint tatsächlich über unermessliche Summen zu verfügen. Es ist wirklich viel Geld auf dem Markt. Der Zins aber, den er verhandelt, scheint ebenfalls erheblich. Man spricht von fünf Prozent.

Gemeint war nicht der Landgraf von Hessen-Darmstadt, dessen Ländereien um Frankfurt herum lagen und der einen Hof auf der Zeil hatte, gemeint war auch nicht der von Hessen-Homburg, bei dem Sinclair in Diensten stand, gemeint war damit der Landgraf von Hessen-Kassel. Die Zinsen waren in den letzten Jahren

kontinuierlich gestiegen, von 3,5 auf 4,5 oder gar 5 Prozent. Das freute die Bankiers, dass aber der Landgraf von Hessen-Kassel den gleichen Zinssatz wie sie zu erzielen imstande war, irritierte und ärgerte sie.
 – Fragt sich nur, ob er sein Geld jemals wieder sieht. Nicht jeder hat in der Vergangenheit von den Engländern sein Geld zurückbekommen.

Das sagte ein mächtiger Herr, der die anderen um fast eine Haupteslänge überragte. Er hatte außerdem einen entschiedenen, kraftvollen Gesichtsausdruck. Es war der Hofbankier Louis Harnier, Bankhaus Harnier. Bald würde er sich mit einem anderen Hofbankier, mit Simon Rüppell, zu Rüppell & Harnier zusammenschließen. Alle waren sie noch in ihren Mänteln mit den üppigen Krägen. Wohlhabende, stattliche Herren, sicher in ihren Gesten, sicher ihres Platzes in der Gesellschaft und ihres Ortes in der Welt. Und alle hatten sie ihre Ohren weit geöffnet, um auch nicht die kleinste Neuigkeit der Unterhaltung zu verpassen.
 – Wie, Harnier, macht der Landgraf das nur? Sie konferieren doch ständig mit ihm. Sie machen doch die großen Geschäfte mit ihm. Das scheint ein wahrhaftes Mirakulum.

Der große, machtvolle Harnier beugte sich ein wenig nach vorne und sagte:
 – Geiz war noch immer eine wesentliche Quelle des ganz großen Reichtums.

Harnier stammte selbst aus Kassel und betrieb eines jener Bankhäuser, mit denen der Landgraf von Hessen-Kassel seine exorbitanten Geschäfte abwickelte. Man wusste Harniers offenes und fachkundiges Wort in diesen Fragen deshalb besonders zu schätzen. Er fuhr fort:
 – Seien Sie versichert, meine Herren, auch an unserem Hause gehen die großen Geschäfte vorbei. Die ganz großen Geschäfte macht ein anderer, der heute Abend nicht hier zu sein scheint. Ich brauche Ihnen den Namen nicht zu nennen.

Er meinte damit Simon Moritz Bethmann, das war jedem klar. Bethmann, das war der ganz große Hecht im Frankfurter Finanzteich. Er machte für die Habsburger die Geschäfte, da ging es um enorme Summen, und überall in Europa war sein Name ein Begriff.

Kassel

– Das Einzige, was unseren Fürsten am armen Hessen zu interessieren scheint, sind seine Landeskinder.

Alle blickten auf Gontard. Offenbar meinte er es ernst. Solch offene Worte war man von ihm nicht gewohnt. Der kleine Scharff warf ein:

– Wenigstens, soweit sie männlicher Natur sind.
– Und das ausschließlich, weil er sie gegen gutes Geld, sehr gutes Geld, an das Ausland, egal ob Engländer oder gar Amerikaner, als Söldner verpachten kann. Der Mann hat keine Ehre. Hier liegt der eigentliche Quell seines Reichtums. Niemals würde er dagegen auf die Idee kommen, selbst einen Krieg zu beginnen, um seine Untertanen zu schützen.

Gontard schien wirklich nicht gut auf den Landgrafen von Hessen-Kassel zu sprechen zu sein.

– Es sei denn, er verspräche wesentliche Gewinne, knurrte Harnier. Außerdem scheint unser Graf neue Mitarbeiter bei sich zu beschäftigen.
– Wie? Was wissen Sie darüber?

Harnier beugte sich noch etwas weiter nach vorne.

– Ein Herr Buderus scheint jetzt sein Vertrauen zu genießen, sagte er. Er war hier in Frankfurt, nun ist er schon ein paar Jahre in Kassel, in der Finanzverwaltung. Ich weiß nicht, wie es dieser Buderus, er ist Kriegsrat, in die nächste Umgebung des Grafen geschafft hat. Jedenfalls scheint der

Landgraf große Stücke auf sein Urteil zu halten. Das, sagte er mit einem Seitenblick auf Gontard, das ist das wahre Rätsel.
– Ich kenne Buderus! Er war bei Rothschild.
Jeder hatte den Satz des alten Scharff gehört, obwohl er kaum gegrummelt war.
– Und wer ist Rothschild?
– Ganz bestimmt einer aus der Judengasse.
– Ja, Jude, er versucht sich seit einiger Zeit mit wechselhaftem Erfolg im Kommissionsgeschäft.
– Also mir ist dieser Rothschild nicht untergekommen. Es kann nichts Großes mit ihm sein.
Hölderlin verstand nur die Hälfte der Unterhaltung, er versuchte, so aufmerksam er konnte, dem Gespräch zu folgen, aber es war alles fremd für ihn. Dabei wollte er beim Zuhören nicht den Eindruck von Anstrengung erwecken und warf einen Blick zu den Damen hinüber. Sie schienen Hölderlin entspannter.
– Übrigens soll diese oder kommende Woche eine außerordentlich große Anleihe begeben werden.
– Darüber weiß ich nichts.
Die Sätze flogen nun an Hölderlin vorbei, er hörte nicht mehr hin. Die Gäste strömten mittlerweile zur Garderobe. Die Herren aber, wenngleich im Theater, schienen nichts anderes zu kennen als Geschäfte.

Erst als es klingelte, fiel der Gruppe der Bankiers wieder auf, dass man im Theater war. Man wandte sich den Damen zu und erbot sich, beim Ausziehen der schweren Mäntel behilflich zu sein. Das wurde auch Zeit, es war warm, seit ein paar Jahren gab es eine Heizung im Theater.

»Anleihe«, das Wort schwirrte durch Hölderlins Kopf, »Anleihe«, als er mit der Familie Gontard die Treppe zur Loge hinauf ging. Es war eine der dreiunddreißig Logen des Theaters. »Anleihe« – als die Ouvertüre begann, summte das Wort wie ein eigenes Instrument.

Ein Morgen im Haus Gontard

Alles schien gut im Hause der Gontard. Hölderlin wurde anerkannt und respektiert. Die Familie erschien den Frankfurtern fast schon so, als wäre sie altes Geld, als wäre sie schon immer in Frankfurt ansässig. 1686 hatte einer der Vorfahren Grenoble verlassen und war nach Frankfurt gekommen, vor zwanzig Jahren hatte der inzwischen verstorbene Vater von Cobus hier eine der ersten Anleihen begeben. Man war dabei sehr diskret vorgegangen. Diskretion wurde groß geschrieben bei den Gontards. Das Geschäftshaus der Familie in der Neuen Kräme war eines der großen Häuser der Stadt, das Wohnhaus am Hirschgraben eines der schönsten. Heinrich, Cobus' Onkel, war immer noch das Oberhaupt der Familie.

Seit zwei Wochen unterrichtete Hölderlin nun seinen jungen Zögling, seit zwei Wochen wohnte er im Hause Gontard am Großen Hirschgraben mit diesem überwältigenden Blick auf den Garten und bis auf den Taunus. Seit zwei Wochen erwachte er mit dem Gefühl, dass es ihm gut gehe.

> Lange todt und tiefverschlossen,
> Grüßt mein Herz die schöne Welt,
> seine Zweige blühn und sprossen,
> Neu von Lebenskraft geschwellt;
> O! ich kehre noch in's Leben,
> Wie heraus in Luft und Licht,
> Meiner Blumen seelig Streben
> Aus der dürren Hülse bricht.
>
> («An Diotima», ältere Fassung)

Dieses Gedicht schrieb er zu jener Zeit, er widmete es Diotima, seit neuestem die heimliche Heldin und Herrin, das Ziel und der Grund seiner dichterischen Arbeit. Hölderlin hatte sich eine weibliche Figur erschaffen, in die er alles hineindenken konnte, was seine suchende Seele verehrte und begehrte.

Er dachte auch an Buderus, an Rothschild und die Judengasse. Er hatte schon mehrfach von dieser Straße gehört, ihrer Enge und dem eklen Schmutz, den vielen, vielen Menschen, allesamt selbstverständlich Juden, die dort lebten. Sie durften diese Straße nur tagsüber verlassen. Nachts und an den Tagen Christi, den Sonntagen, mussten sie, dem Gebot des Stadtrats folgend, sich allesamt in ihrer düsteren Straße aufhalten.

Es war ein Ghetto. Man hätte auch Gefängnis sagen können, aber das tat dann doch niemand.

Unterricht

Der Unterricht mit Henry lief noch besser, als Hölderlin es sich erhofft hatte. Der Junge konnte zuhören. Immer wieder war Hölderlin erstaunt, wie aufnahmefähig er war. Er war begierig, Neues zu erfahren. Er konnte sich die Dinge merken. Vor allem war er ein treuherziger Mensch. Er war so ganz anders als der Schüler, mit dem er sich vergangenes Jahr bei der Familie von Kalb herumgequält hatte. Dieser Junge hier schaffte es, dass Hölderlin selbst sich auf den Unterricht freute.

Was Hölderlin besonders schätzte, der Knabe schien ihm wirklich unbefangen, er schien keine falschen Hintergedanken zu haben. Es kam ihm vor, als sitze ihm die reine Natur gegenüber, wie er es sich erträumt, wie Rousseau es beschrieben hatte.

Da ich ein Knabe war,
   Rettet' ein Gott mich oft
      vom Geschrei und der Ruthe der Menschen,
     Da spielt' ich sicher und gut
        mit den Blumen des Hains,
          Und die Lüftchen des Himmels
            spielten mit mir.

Es sind Zeilen, die Hölderlin in dieser Zeit aus einer momentanen Stimmung heraus auf ein Blatt Papier geworfen haben könnte. Man weiß nicht, wann er sie schrieb, am ehesten aber in dieser Zeit. Sie lebten von der Erinnerung an glückliche Stunden, die er als Kind verbracht hatte, sie lebten aus der Betrachtung Henrys, der ihm jetzt solche Stunden zu verbringen schien. Er wurde vielleicht durch Henry an die besten Seiten seiner selbst erinnert. So ging er zart und liebevoll mit dem Knaben um.

Auch Henrys Schwestern, allesamt jünger, hingen bald mit Liebe an Hölderlin. Er konnte gut mit diesen jungen Wesen umgehen, konnte nicht nur lehren und erzählen, er konnte auch mit ihnen lachen und albern, er konnte selbstvergessen spielen, was nicht selbstverständlich war. Der Hausherr sah das mit dem größten Wohlgefallen. Ihm gefiel, dass hier ein junger Mann menschliche Fähigkeiten und Qualitäten an den Tag legte, die er für sich selbst nie in Anspruch genommen hätte und die er umso höher schätzte.

»Ich lebe sorgenlos, und so leben ja die seeligen Götter.« Hölderlin ging es tatsächlich so gut wie möglich.

Männer

Man weiß, das sei noch einmal gesagt, nicht viel über Gontard und Hölderlin. Man weiß, dass Hölderlin immer vom gesamten Hause Gontard sprach, wenn er sagte, dass er sich wohl und froh fühle. Man muss also davon ausgehen, dass es lange ein insgesamt positives Verhältnis war. Weiter muss man davon ausgehen, dass die beiden Männer sich gut kennengelernt haben. Wir wissen, dass Hölderlin nicht nur ins Theater, sondern auch zu Empfängen mitging.

Wir gehen davon aus, dass das Verhältnis von Gontard und Hölderlin von einer gewissen Nähe geprägt war, die über das

Maß hinausging, das üblicherweise zwischen einem Bankier und seinem Hauslehrer herrschte. Wir wissen, dass Gontard Erziehung ausgesprochen wichtig war. Wir gehen davon aus, dass er und Hölderlin das Verbindende nicht artikulieren und nicht pflegen konnten. Wie hätte das damals gehen sollen? Sie waren zwei ungleiche Freunde, wobei das Wort »Freunde« wahrscheinlich schon zu weit reicht. Und doch muss es so etwas wie Wohlwollen, wie Entgegenkommen, wie Freude gegeben haben, wenn die beiden aufeinandertrafen.

Gontard sah einen gutaussehenden, jungen Mann, der nicht nur seinen Sohn erziehen konnte, so gut wie Susette, und der das mit Hingabe tat. Er sah auch, dass dieser Mann Gedanken denken konnte, die zu denken er nicht in der Lage war. So erhielt der eine mit seiner Arbeit, mit dem Geld, das er verdiente, die Familie, der andere gab der Familie, Gefühle, Gedanken, Leben.

Vielleicht akzeptierte Hölderlin Gontard nicht nur, vielleicht spürte er sein Wohlwollen, sehr wahrscheinlich schätzte er die Geborgenheit, die sein freundliches Haus bot, mochte Gontards Unbeholfenheit, wenn es um Gefühle ging, wenn es um die Liebe zu seiner Frau und die Kinder, wenn es um die Familie ging. Er wusste, niemals würde er Zugang zu Gontards Welt finden, und doch fand er sie sicherlich interessant und reizvoll, es muss eine Bereicherung gewesen sein, etwas, das er bis dahin nicht kannte.

Frankfurter Staats-Ristretto, No. 44 und 48, den 15. und 28. März 1796

Auf die Assignatenpresse, die bekanntlich verbrannt worden, ist hier folgende Grabschrift erschienen: Nachdem ich durch mein Schicksal den Thoren und den Weisen in Erstaunen gesetzt, ist es nun um mich geschehen, und ich ruhe endlich im Grabe. Durch Nichts wußte ich ein muthiges Volk zu bereichern, das durch mich triumphirte.

Demohngeachtet schimpft man unaufhörlich auf mich; ich erfuhr die Wuth der Rebelgesinnten, ward aber von dem guten Bürger geliebt. Mein Leben hat viel Gutes gestiftet, mein Todt aber noch mehr.

Paris, vom 13. März. General Pichegrü befindet sich nicht hier, sondern ist zu Arbois, seiner Vaterstadt. Merlin soll jetzt das Departement der auswärtigen Angelegenheiten erhalten. Alle Armeen werden nun durch Entrepreneurs mit Fleische versehen, und selbst die Spitäler werden jetz durch sie verwaltet. Nur die Aerzte und Wundärzte der ersten Klasse ernennt und besoldet der Staat, alle übrigen werden ebenfalls von Entrepreneurs bezahlt. Man sagt, der Staat gebe täglich für jeden Kranken 35 Sous klingend. Auf der hiesigen Börse nimmt man wahr, daß jetzt die Assignaten schon etwas seltener werden, und der Louisd'or, welcher zu 7200 stand, war gestern auf 6600. Alle bei den Armeen angestellte Civilbediente, müssen ebenfalls zu dem Zwangsanleihen jetzt beitragen. Desermont hat ein wichtiges Finanzprojekt, zur Bestreitung der öffentlichen Ausgaben, eingereicht, vermöge welchem das Direktorium für 600 Millionen Mandate verfertigen, selbige in den Nationalschatz niederlegen, und zu den Summen, welche der gesetzgebende Körper den Ministern bewilligt, verwendet werden sollen. Derjenige, welcher ein solches Mandat besitzt, kann sich sogleich ein Nationalgut dafür, nach dem Preise der Abschätzung, zuschlagen lassen. Er bezahlt es zur Hälfte sogleich, und zur Hälfte in einem Monat. Zwei Theile des Kaufpreises müssen in Assignaten entrichtet werden. Thibault zeigt, daß diese Mandate (ein neuer Name von Staatspapieren) wahre Wechselbriefe der Nation sind, welche sich jeder Träger durch das Nationalgut, worauf sie ausgestellt sind, kann bezahlt machen. Da wir nun noch beiläufig für 6 Mill. baares Geld in Frankreich haben, sagte Dubois Crance, so

> können wir noch nicht Geldwerthes Papier entbehren. Die Mandate schaden den Assignaten nichts, weil 2 Theile der Güter in Assignaten müssen bezahlt werden, u. nur für 622 Mill. Mandate gemacht werden, da man dem Direktorium für 1800 Mill. Nat. Güter übergiebt.

Aussehen

Auch das gesamte Haus Gontard empfand Hölderlin als Bereicherung. Ihm kam dabei zugute, dass man bei den Gontards großen Wert auf das Aussehen legte. Man legte beinahe mehr Wert auf das Aussehen als das Ansehen. Die Gontard'schen Frauen waren fast alle schön. Cobus' Schwester Helena, verheiratet mit dem Kaufmann Manskopf, war eine glänzende Erscheinung. Auch die andere Schwester, Maria Magdalena, die den Bankier Schönemann geehelicht hatte, war eine Schönheit. Allein die von den Blattern entstellte »Gredel«, die dritte Schwester, die von Ebel so verehrte Margarete, würde ledig bleiben.

Cobus' Bruder Franz war mit Barbara Wichelhausen verheiratet, deren seltene Schönheit zu beschreiben einige Kunst erforderte, wie man bei den Gontards sagte. Sogar Marie, die Hauslehrerin, Mademoiselle Rätzer, war so schön, dass es mehrfach erwähnt wurde. Wie natürlich auch die Schönheit von Madame, Gontards Gattin Susette. So waren fast alle, die sich im Hause Gontard aufhielten, egal ob eingeheiratet oder als Angestellte, bemerkenswert wohlgefällig. Das war eigenartig, denn Gontard selbst schielte enorm, was Hölderlin bei der ersten Begegnung irritiert haben muss. Gontard schielte, weil ein Auge durch eine Verletzung, die er sich selbst als Knabe mit einer Gabel zugefügt hatte, unbeweglich geworden war und stetig wie tot nach oben starrte.

Der junge Hölderlin gefiel allen wegen seiner großen aufrechten Gestalt. Er wusste sich zu halten, sein Gesicht war ebenfalls einnehmend, und so hatte man bei den Gontards immer das Gefühl, Herren wie Damen, dass allein schon Hölderlins Anwesenheit den Moment hervorhebe und verschönere.

Ihm selbst kam der Gontardsche Familienhang zur Schönheit ebenfalls entgegen. Schönheit war sein Ideal, er vergötterte sie, noch vor der Vernunft, der Wahrheit, ja sogar der Liebe. Schönheit, so wie er es im *Hyperion* entwickelte, war für Hölderlin ein Zustand geistiger Harmonie, Einklang mit der Welt, vollkommener Ausgeglichenheit. Das Schönste ist auch das Heiligste, schrieb er im *Hyperion*. Vom stillen Land der Schönheit schrieb er zu dieser Zeit dem Bruder. Schönheit war das, worauf er hinarbeitete, auch in seinem Roman, an dem er nun wieder arbeitete, sein stilles Land und sein höchstes Ideal, das er andauernd zu erreichen suchte. Schönheit, das war ihm der Friede der Welt. Hölderlin dachte sich dieses Ideal selbstverständlich geistig und unerreichbar. Umso anfälliger war er für jene sinnliche Schönheit, die Madame Gontard und Mademoiselle Rätzer, die beiden Damen seiner nächsten Umgebung, verkörperten.

Und so fanden Hölderlins einsames Schönheitsstreben und der Gontard'sche Schönheitssinn in einer friedlichen Harmonie zueinander, man könnte fast sagen, in jener Harmonie, von der Hölderlin immer so geträumt hatte.

Gontard wandte sich am Abend an seine Frau.

– Was soll ich sagen, Susette, er gefällt mir wirklich ausgesprochen gut, unser neuer Hofmeister. Er hat das Herz am rechten Fleck.

Susette nickte und sagte nicht, dass er diese Sätze vor einigen Wochen schon einmal gesagt hatte. Auch sie schätzte den neuen Lehrer.

Sowohl Mademoiselle Rätzer als auch Madame Gontard waren derart liebreich in ihrem Wesen, dass Hölderlin nicht wusste, zu wem er sich mehr hingezogen fühlen sollte. Während

Marie Rätzer zupackte, wo es zuzupacken galt, während sie frisch und lebenslustig die Erziehung der Mädchen in ihrer umsichtigen Hand hatte, war Madame Gontard eher ein zurückhaltendes Wesen, manchmal umgeben von jenem Flor schwebender Traurigkeit, der aber für empfängliche Gemüter sehr verführerisch ist.

Einkommen

Was die Finanzen anging, gab Hölderlin sich, als hätte er schon ein kleines Vermögen zusammen. Bald würde er dem Bruder anbieten, ihm jährlich 200 Gulden zu schenken. Das war etwas blauäugig, es war die Hälfte seines gesamten Jahres-Salärs, aber tatsächlich brauchte er bei den Gontards von den 400 Gulden herzlich wenig, so gut war er allseits versorgt.

Zudem wurde er nun bei Cotta verlegt. Der bekannte Stuttgarter Verleger würde ihm zwar nur 100 Gulden ausbezahlen, aber größere Summen würden, wenn seine Schaffenskraft weiter so lebendig bliebe und er bedeutende Gedichte und Romane geschaffen haben würde, folgen.

Hölderlin schätzte seine neue Unabhängigkeit. Man könne sich dabei von allen Lumpereien der Politik und des geistigen Standes, dem er eigentlich doch noch angehörte, befreien. Es gab nur einen Makel: Trotz dieser neuen Freiheit empfand Hölderlin eine Hofmeisterstelle, und sei es auch eine gut dotierte Vierhundert-Gulden-Hofmeister-bei-freier-Kost-und-Logis-Stelle bei den Gontards, weiterhin als Kränkung.

Er war ein freier Mann, er wurde bei Cotta verlegt, er würde sich auf Dauer ganz gewiss nicht durch das schnöde Geld binden lassen. Und sein Bruder sollte das auch nicht tun. Hölderlin betrachtete Geld, und die hündische Unterwerfung, die es mit sich brachte, mit Verachtung. Die Sorge um Geld, so war er überzeugt, war eines freien Mannes unwürdig.

Gontard, sah er, unterwarf sich nicht dem Geld. Er arbeitete mit ihm. Trotzdem steckte tief in ihm drin ein Vorbehalt gegen das Geld. Vom »Jüdeln« hatte Hölderlin unlängst in einem Brief an seinen lieben Freund Neuffer geschrieben. Er hatte damit gemeint, einen besseren Preis auszuhandeln. Dieses Wort schien ihm zusammenzufassen, was er beim Geld nicht mochte. Er war nicht gegen Juden, er kannte sie ja gar nicht, aber er verabscheute das Unterwürfige. Die Fixierung auf den Mammon, die Kriecherei, das Verschlagene des Händlers, das Verdruckste, das dabei herauskam – als sei man aus einer finsteren Ecke gekrochen, um schnell das herabfallende Geld zusammenzuraffen wie Brösel, als scheue man Licht und aufrechten Gang.

Er würde die Judengasse besuchen müssen, er würde sich das einmal ansehen müssen.

Das Absolute

Anfang April wurde Hölderlin vom Besuch Friedrich Schellings überrascht.
– Schelling, alter Freund, wie schön, dich zu sehen!
– Wie gut du aussiehst, Hölderlin!
Schon im Moment, als der Freund sein Zimmer betrat, spürte Hölderlin sich an die philosophischen Diskussionen der Vergangenheit erinnert, das Urteil, das Sein, das Absolute und was der gewichtigen Worte damals mehr gewesen waren: und im Zentrum Kant, das neue deutsche Evangelium.

Er hatte mit Henry das Tagespensum bewältigt, gerade waren sie zu einer freieren Unterhaltung übergegangen, als Schelling das Zimmer betrat.

Mit Schelling war er Ende des vergangenen Jahres durch Nürtingen spaziert, wo er aufgewachsen war, und sie hatten dabei viel geredet, sehr viel. Das schien Hölderlin lange her. Diese gewaltigen Systeme, die von ihnen umgewälzt worden waren.

Das Ich, das sie so wichtig genommen hatten. War ihm das tatsächlich schon fremd geworden?

Die beiden hatten gemeinsam im Tübinger Stift studiert, Schelling war der deutlich Jüngere gewesen. Hölderlin hatte auf ihn Acht gehabt, wo es notwendig gewesen war.

Nun begann Schelling, kaum dass er da war, seine Ideen auszubreiten, weiterhin beschäftigten ihn Dogmatismus und Kritizismus, Offenbarungslehre und Philosophie, die religiösen Lehren des Stifts und Kants Transzendentalphilosophie. Henry spitzte die Ohren, auch wenn er nichts verstand. Hölderlin aber kam es unangemessen vor, im Beisein des Knaben mit solchen Gesprächen zu beginnen.

– Nun, wir waren ja ohnehin fertig für heute. Du kannst dich freuen, Henry, du bist entlassen.
– Dürfte ich noch etwas bleiben, um Ihrem Gespräch zu folgen?

Henry fragte mit seiner freundlichen Art. Schelling antwortete.

– Das dürfte nichts für dich sein, junger Mann, es geht hier um gewichtige philosophische Fragestellungen, die wir selbst kaum bewältigen.

Henry wollte etwas erwidern, aber Hölderlin kam ihm zuvor.

– Nun, es wird nicht schaden. Lass ihn, Friedrich! Bleibe noch etwas, wenn du willst, Henry, denke nicht, dass du etwas verstehen wirst. Aber wer weiß, manchmal ist der naive Geist bereiter, die großen Dinge zu fassen, als unsereiner.

Das war gegen Schelling gemünzt – Hölderlin mochte es nicht, wenn sein Zögling zurückgesetzt wurde. Er mochte es nicht, wie Schelling sich aufspielte. Schelling verstand das sofort, es irritierte ihn aber nicht im Geringsten. Er war kaum zu bremsen, entfaltete einen Gedankengang nach dem anderen, redete mit einer Energie wie ein aufgezogener Schwungkreisel. Hölderlin musste seine Kraft zusammennehmen, um vor dem beredten Freund standzuhalten. Schelling sprach mit einer Leichtigkeit von diesen Dingen, die für Hölderlin inzwischen etwas Frivoles hatte. Man kann doch nicht von den letzten Dingen sprechen und dabei so tun, als fechte man mit dem Florett – und dann auch noch zum Schein.

Es war, Hölderlin spürte das deutlich, nicht recht. Auch er mühte sich um elegante Formen, auch ihm war schöne Sprache das höchste der Gefühle, er bemühte sich in seinen Dichtungen noch mehr und intensiver darum, aber diese Sprache sollte durch Einfachheit und Wahrheit schön sein. Sie sollte an den Grund der Dinge rühren und nicht durch allerlei Schattenspiele und Wendungen vorspiegeln, was sie doch nur zu sein vorgab.

Gleichzeitig wollte Hölderlin vor Henry im Gespräch keinesfalls den Kürzeren ziehen, das war er allein schon seiner Position als Lehrer schuldig. Was sollte der Junge von ihm denken, wenn er jetzt klein beigab?

So gab es einen Parforceritt durch die Philosophie. Schelling nahm die neuesten Positionen Fichtes durch, über die er bestens im Bilde war, er schüttelte sie auch einmal kräftig durch, dann sprang er geschwind zu Kant, um gleich darauf etwas von den Gedanken ihres gemeinsamen Freundes Hegel zu erzählen. Und dann, das stieß Hölderlin sauer auf, verkaufte Schelling das als seine Originaleinfälle.

Henry war vollkommen still, er wollte am liebsten gar nicht auffallen.

Schelling beschäftigte sich mit dem absoluten Ich und der Grundlegung des philosophischen Systems. Er glaubte die großen Probleme, die Hegel, Hölderlin und er selbst so ausgiebig diskutiert hatten, gelöst zu haben. Hölderlin dagegen fiel Schelling immer wieder ins Wort, wie wenn der junge Schelling ihm nichts Neues berichten könne. Er mochte sie nicht, diese exzessive Beschäftigung mit dem Ich, ihm ging es ums Sein, um Natur, Götter, die Antike.

Was Schelling noch mehr erhitzte.

Es gab einen Punkt, einen wesentlichen Punkt, in dem die

beiden nicht zueinanderkommen konnten. Hölderlin hatte die Philosophie zugunsten der Poesie aufgegeben, für ihn war die Sphäre der Schönheit das wahre und wirkliche Sein geworden. Auch Schelling hatte etwas hinter sich gelassen. Er hatte alle Letztbegründung, alle Grundlegung der Philosophie, die Hölderlin einst so beschäftigt hatte, verworfen. Schelling hatte sich auf ein anderes Gebiet verlegt, das Feld der praktischen Ethik. Das Absolute, so meinte er, sei nur im Handeln als dessen unerreichbare Maxime zu verwirklichen.

Berührungen

Ihre Beziehung war nie einfach gewesen. Jetzt aber hätten die Freunde sich, wenn nicht die Anwesenheit des neugierigen Henry sie davon abgehalten hätte, richtig streiten können. Das Verhältnis der beiden war nach diesem Besuch belastet. Hölderlin war froh, als Schelling weg war.

Lieber als das philosophische Gespräch war Hölderlin zu jener Zeit das gemeinsame Musizieren. Er hatte sich seine Flöte von zu Hause schicken lassen, sie spielten gemeinsam, Madame Gontard am Klavier, Marie Rätzer mit der Laute, auch Henry nahm manchmal teil.

Wie oft beim gemeinsamen Musizieren kamen sich die Spieler näher. Sie mussten, getragen von der Musik, nichts sagen.

Dazu kam, dass sowohl Mademoiselle Rätzer als auch Madame Gontard sich zu dem stattlichen Hölderlin hingezogen fühlten. Der wohlgewachsene Mann und das etwas steife Gebaren des Herrn Hölderlin nahmen Mademoiselle derart gefangen, dass es wohl die Grenzen der Schicklichkeit überschritt, wie sie zu laut lachte, auch wenn er etwas nur bedingt Lustiges sagte, oder wie sie ihm all zu nahekam, wenn man beieinander saß. Sie war, im Hause sprach man darüber, keck, die junge Mademoiselle Rätzer. Der Herr Hölderlin würde ihr bestimmt nicht lange widerstehen können. Gegen eine solche Verbindung, dachte man, hätte auch Herr Gontard bestimmt nichts einzuwenden.

Madame Gontard fühlte sich zu dem neuen Hofmeister ebenfalls hingezogen. Er erinnerte sie an ihren fernen Bruder Heinrich in Hamburg. Hölderlin sah ihm ähnlich, oder zumindest dachte sie das. Das bewahrte sie davor, weiter über die Natur ihres Gefühls nachzudenken. Es war Hölderlins Poesie, die Fähigkeit, die Seele schweifen zu lassen, die sie berührte. Etwas an diesem Mann fasste sie in der zarten Tiefe ihres Inneren.

Der junge Hauslehrer seinerseits wurde von der liebreichen weiblichen Präsenz derart bezaubert, dass er sich noch leichter und besser fühlte. Es schien ihm ganz zu seinem neuen Frankfurter Glück zu passen. Innerlich umarmte er eine Blume, die er am Weg stehen sah, er war kurz davor, den Kaufleuten, die ihm in den Frankfurter Gassen begegneten, ein aufmunterndes »Glück auf!« zuzurufen.

Mehr Kontakt muss Hölderlin sicher zu Mademoiselle Rätzer gehabt haben, zumal sie die Erziehung der Mädchen und Henrys manchmal gemeinsam gestalteten. Ihre freundliche, aufmerksame Art gefiel ihm. Dazu war sie blond und rotwangig, auf erfrischende und gesunde Weise.

Die zurückhaltende Hausherrin verzauberte dagegen mit ihren glatten und sehr dunklen Haaren und ihrem abwesenden Blick.

Oh, was war das doch für ein Glück, das er hier gefunden hatte! Hölderlin war durch und durch gewandelt, sein ganzes Wesen erwachte neu. Er mag sich im Land der reinen Poesie gewähnt haben. Und dieses Land der reinen Poesie, das war bei dem jungen Dichter das Land der Griechen, das er mit Verstand und Herz und Gemüt neu erfand und das er nun tatsächlich in Frankfurt am Main gefunden zu haben glaubte.

»Ich bin in einer neuen Welt. Ich konnte wohl sonst glauben, ich wisse, was schön und gut sey, aber seit ich's sehe, möcht' ich lachen über all' mein Wissen.« So schrieb er an Neuffer, seinen guten, seinen besten Vertrauten im heimatlichen Württemberg. Und weiter: »Lieber Freund! es giebt ein Wesen auf der Welt, woran mein Geist Jahrtausende verweilen kann und wird, und dann noch sehn, wie schülerhaft all unser Denken und Verstehn vor der Natur sich gegenüber findet. Lieblichkeit und Hoheit, und Ruh und Leben, u. Geist und Gemüth und Gestalt ist ein seeliges Eins in diesem Wesen.«

Wer stand Hölderlin vor Augen, als er diese Zeilen schrieb? Die wunderbare Marie, die vielleicht am Tag zuvor, nachdem sie im gemeinsamen Unterricht viel Vergnügen und Fortschritt mit den Kindern gehabt hatten, ihre Hand auf die seine gelegt hatte und anmutig den Blick ihrer blauen, strahlenden Augen in die seinen versenkt hatte?

»Du kannst mir glauben, auf mein Wort, daß selten so etwas geahndet, und schwerlich wieder gefunden wird, in dieser Welt. Du weist ja, wie ich war, wie mir gewöhnliches entlaidet war, weist ja, wie ich ohne Glauben lebte, wie ich so karg geworden war mit meinem Herzen, und darum so elend; konnt' ich werden, wie ich jezt bin, froh, wie ein Adler, wenn mir nicht diß, diß Eine erschienen wäre, und mir das Leben, das mir nichts mehr werth war, verjüngt, gestärkt, erheitert, verherrlicht hätte, mit seinem Frühlingslichte?«

Maries zupackende, erfrischende, direkte Art, der tägliche Kontakt, das könnte ihn belebt haben.

Oder war es die schöne Madame Gontard, an die er bei diesen Worten dachte? Die dunkle, geheimnisvolle Madame, zu der immer noch eine gewisse Distanz bestand, was es Hölderlin aber umso leichter machte, seine Träume in sie hinein zu fantasieren. War es Madame, die etwas Schwebendes zu haben schien, nicht ganz von dieser Welt, zart und zartfühlend?

Man kann darüber nur spekulieren.

Aber alle, wirklich alle, die sich mit Hölderlin beschäftigt haben, halten es für ausgemacht, dass es bereits hier, im Juni 1796,

Madame Gontard war, die er mit seinen verliebten Worten meinte.

Vielleicht war alles noch einmal anders, vielleicht war »diß Eine« wunderbare Wesen ja zwei Frauen, zwischen denen Hölderlin sich gar nicht entscheiden konnte, nicht entscheiden wollte und nicht entscheiden brauchte. Er träumte ja, und solange er träumte, war alles möglich. Vielleicht war es das Weibliche überhaupt, das ihn auf diese Weise umfing.

Die Dichtung erschien ihm nun so verlockend wie nie zuvor, die Schönheit zum Greifen nah, das Land der Griechen wie sein Zuhause. Hölderlin war wirklich froh.

»Ohne Freude kann die ewige Schönheit nicht recht in uns gedeihen.«

Soldaten

Es wurde Sommer, und die Familie zog auf den Landsitz an der Pfingstweide. Das Anwesen lag im Osten, nur einen Spaziergang von der Stadt entfernt. Gontard arbeitete tagsüber in der Stadt, abends kam er meist hinaus, manches Mal auch zum Mittagessen, sonst waren die Damen und Hölderlin allein.

In der Stadt aber gab es im Hirschgraben bald darauf einen Empfang. Regelmäßig wurde im Hause Gontard zu Gesellschaften geladen. Hölderlin war schon zu mehreren Empfängen mitgenommen worden, er war bei Räten der Stadt gewesen, genauso wie bei Bankiers, ins Harnier'sche Haus oder zu Bethmann hatte er Gontard begleiten können. Gontard schätzte es, ihn dabeizuhaben. Nun gab es den ersten eigenen Empfang, an dem er teilnehmen sollte. Heinrich, das Familienoberhaupt, und Franz, Cobus' Bruder, für den es nicht genug Einladungen geben konnte, hatten in das Haus am Großen Hirschgraben gebeten, was Cobus nicht so ganz schmeckte. Er mochte die Gesellschaften nicht so sehr wie Franz und Onkel Heinrich, sah sie mehr als

Pflicht und versuchte, sie im eigenen Haus zu vermeiden. Aber Cobus war Heinrichs Mieter und fügte sich. Und er wusste, wie wichtig diese Einladungen waren.

Heinrich, das Familienoberhaupt, gab unterschiedliche Gesellschaften, für die Räte, die Bankiers, die Händler und andere Kreise. Nun war es eine Einladung für die Offiziere, die die Stadt wahrscheinlich bald gegen die anrückenden Franzosen würden verteidigen müssen.

So waren Susette, Marie und Hölderlin von der Pfingstweide wieder in die Stadt gekommen.

Ebel und Soemmerring waren da, die Ärzte der Familie, so konnte auch Hölderlin sich gut unterhalten. Soemmerrings Frau Margarethe Elisabeth war die beste Freundin von Susette Gontard und war ebenfalls anwesend wie auch Sophie, die Tochter von Onkel Heinrich und beste Freundin Maries. Sie alle sahen ausnehmend gut aus und machten den Abend für die Offiziere zu einem belebenden Fest.

Die blondblühende Marie aber war die heimliche Hauptfigur der Veranstaltung. Die Offiziere waren aufgekratzt und umschwärmten die Damen, ganz besonders aber umschwärmten sie Marie. Man suchte ihre Nähe. Sie schien die Herren durch ihre Anwesenheit glücklich zu machen, sie war beschwingt, sie war lebendig, sie strahlte eine gewisse Leichtsinnigkeit aus, die ihr unter anderen Umständen zum Nachteil ausgelegt worden wäre.

Am nächsten Tag, zurück auf der Pfingstweide, ging einer der jungen Herren, vollständig uniformiert, vor dem Anwesen auf und ab. Er machte keinerlei Anzeichen, irgendwann wieder abziehen zu wollen. Es war offenbar eine Belagerung, die hier stattfand. Die Mägde und Diener waren sehr aufgeregt. Man wusste nicht, wohin er wollte. Wollte er Madame oder doch Demoiselle sehen? Niemand traute sich, ihn anzusprechen. Marie aber ahnte bereits und sah es dann auch durch das Fenster, dass der junge Offizier eben jener stattliche Rüdt zu Collenberg war, der sich gestern ganz besonders um sie bemüht hatte.

Die Mägde und ihre Kinder liefen vor das Haus und gingen in Erwartung eines bevorstehenden Schauspiels nicht mehr von der Stelle. Etwas musste passieren. Irgendjemand musste diesen Offizier ansprechen. Marie aber konnte und durfte nichts tun.

Hölderlin und Madame bekamen zunächst nichts mit, sie waren mit den Kindern zum Lernen in der Gartenlaube. So war die arme Marie allein, es war furchtbar, sie wusste sich nicht zu helfen. Nun kamen selbst die Gontard-Kinder vor das Haus gelaufen, um den jungen Mann zu sehen.

Es war dann Sophie, die half. Sie war am Vorabend nach dem Fest mit hinausgekommen, um die erregte Marie zu begleiten. In solchen Dingen nicht unerfahren, steckte sie dem Offizier einen viel- und nichtssagenden Zettel zu, der ihn für den Moment befriedigte und zum Abrücken bewog.

Aus dem Frankfurter Staats-Ristretto 1796

No. 54 Montag 4. April – London, vom 18. März. Man fängt an, die Hoffnung vom Frieden aufzugeben, und glaubt, England werde durch Unterstützung der Aufrührer in Frankreich eine Diversion zu machen suchen.

No. 55 Dienstag 5. April – Paris, vom 27. März. Der Gehalt der öffentlichen Beamten, soll nun in Mandaten entrichtet werden, und doch fängt der Louisd'or wieder zu steigen an. So stand er gestern zu 6050 Pfund. – Zur Maasregel gegen die Alleinherrschaft der Engländer spricht man jetzt von einem Handelstraktat, der zwischen Dänemark, Frankreich und Spanien in Unterhandlung ist.

Auch sollen die Minister künftighin ihre Ordonannzen immer in baarem kl. Geld und nicht in Assignaten ausstellen. – Es sind itzt kaum noch 28 Milliards Assignaten im Umlauf.

No. 56 Donnerstag 7. April Beilage – Paris, 29. März 1796. Man verbreitet als eine sichere Nachricht, dass der Waffenstillstand zwischen unserer und der Österreichischen Armee am Rhein, auf 4 Monate verlängert worden, von wegen man auf einen baldigen Frieden schließen will.

No. 56, Freitag 8. April – London, vom 25. März. Heute verbreitet sich das Gerücht, daß es beschlossen sey, dem Kaiser eine Anleihe zu bewilligen. Die von Jamaica zurückerwartete Handlungsflotte, soll man bei Portland gesehen haben.

Paris, vom 29. März. Die Jakobiner sollen sich aufs neue in einem kleinen Kaffeehause bei dem Vaudevilletheater versammeln.

Vermischte Nachrichten. Das eigentliche Königreich Preußen ist durch den Zuwachs von Pohlen, an Größe und Volkszahl, fast 2 mal größer geworden. Der jetzige Zuwachs an Menschen beträgt 1 Million 140 000 Seelen.

No. 64 22. April – Paris. Man schätzt eine Milliarde Menschen auf der Erde.

No. 66 25. April – London, vom 12. April. Alle Friedenhoffnungen sind nunmehr verschwunden, und Krieg ist die Losung. Sobald dies bekannt wurde, fielen die Fonds um 3 bis 4 Prozent.

Neue Welt

Selbstverständlich waren auch Geschäftsfreunde der Gontards in den Hirschgraben geladen gewesen. Man sprach bestimmt von einer bevorstehenden Schlacht um Frankfurt, die wichtigste Zeitung, das *Frankfurter Staats-Ristretto*, war voll mit militärischen Nachrichten. Man sprach vom Sieg der Franzosen über die Österreicher, dieser Napoleon hatte die Kaiserlichen bei

Lodi geschlagen. Man erinnerte sich ganz bestimmt an die Besetzung Frankfurts 1793 und die hohen Zahlungen, die man an die Franzosen hatte leisten müssen. Diese Zahlungen waren auch jetzt wieder ein Thema. Frankfurt war, wenn der Kaiser es nicht verteidigte, schutzlos.
 – Schon seit längerer Zeit hat der Kaiser keine Anleihe mehr bei uns in Frankfurt begeben, sagte Bethmann.
 – Willemer und Metzler haben enorme Summen für Preußen zusammenbekommen. Sie haben mittlerweile Anleihen für mehr als zehn Millionen platziert, wenn ich richtig informiert bin. Wenn da jemals etwas zurückkommt, sind Metzler und Willemer gemachte Männer.
 – Was allerdings alles andere als sicher ist.
 – Wohl wahr! Wohl wahr!

Es wurde dann von Subsidien und Anleihen, von Debitoren und Kommissionären gesprochen, von Partialobligation und Diskontieren, von Assignaten und Mandaten. Hörte Hölderlin zu? Es wäre eine neue Welt gewesen, die sich vor ihm ausbreitete, sollte er solchen Gesprächen hier oder bei einem anderen Empfang beigewohnt haben. Ihn hätte dann die Ahnung befallen können, dass das Geld eine Welt mit eigenen Gesetzen schuf, Gesetze, denen hier alle folgten.

Vielleicht war das Geld doch nicht so öde, spröde und schnöde, wie Hölderlin immer gedacht hatte? Vielleicht gab es neben der Welt der Griechen etwas anderes? Noch wusste er sich auf die Welt des Geldes mit ihren klingenden und klingelnden Worten keinen Reim zu machen.

Einführung in die Welt der Anleihe

Einige Tage nach der Einladung in den Hirschgraben könnte etwas Unerwartetes geschehen sein: Gontard bat Hölderlin nach dem Abendessen zu sich. Hatte er etwas falsch gemacht? Hatte er sich gegenüber den Damen ein Fehlverhalten zuschulden kommen lassen?

Über konkrete Treffen zwischen Hölderlin und Gontard, das sei noch einmal betont, ist nichts bekannt. Haben sie stattgefunden oder nicht? Wir wissen es nicht. Wenn sie aber stattgefunden haben, dann ging es damals doch eher nicht um Fehler oder Belange Hölderlins, sondern Gontard müsste versucht haben, einen Schritt auf seinen Hauslehrer zuzumachen. Er wollte ihn vielleicht ähnlich freundlich behandeln, wie er Marie all die Jahre behandelt hatte. Er, ein ausgesprochener Familienmensch, hatte vielleicht das Bedürfnis, Hölderlin etwas zu geben, ihn teilhaben zu lassen, ihn in den Kreis, der sein Haus war, einzubeziehen.

Wovon könnten sie gesprochen haben? Gontard muss Hölderlins Befremden und Interesse wahrgenommen haben angesichts der Gespräche, die zwischen den Handelsherren geführt wurden. Er könnte auf die Idee gekommen sein, Hölderlin eine kleine Einführung zu geben. Der war schließlich täglich mit seinem Sohn beisammen, der später einmal die Geschäfte der Firma übernehmen sollte. Also sollte Hölderlin auch auf diesem Gebiet ein wenig Sachkenntnis haben.

Sie hätten dann ganz bestimmt über Anleihen gesprochen, es war einfach das große Thema. Dass damals so viel von den Anleihen geredet wurde, lag am Krieg, an der enorm gestiegenen Staatsverschuldung. England, Frankreich, Preußen, Österreich, alle brauchten sie Geld, viel Geld, um ihre Kriege gegeneinander zu finanzieren. Alle steckten sie große Summen in ihre Armeen. Nur England zog Subsidien vor, direkte Zahlungen an andere Länder, die dann für sie Krieg führten. Die aber mussten auch finanziert werden. Für den Anleihehändler, das heißt den Bankier oder Finanzier, war es gleichgültig, was der Staat mit dem Geld machte.

Was aber war eine Anleihe? Man gab zum Beispiel tausend Anleihescheine à tausend Gulden auf den Markt. Insgesamt also eine Million, keine ganz unerhebliche Summe. Nun konnten alle Personen oder Firmen solche Anteile der Anleihe von der Bank zu je tausend Gulden erwerben. Sie bekamen einen jährlich vereinbarten Zinssatz, etwa drei oder vier Prozent, und nach einer vereinbarten Laufzeit bekamen sie das Geld zurück. Das verbürgte der Anteilsschein. Der Staat aber bekam das Geld, das auf diese Weise zusammengekommen war. Wurden alle Anteilsscheine verkauft, was meist geschah, kamen also schnell große Summen zusammen. Und die Bank, die als Zwischenhändler fungierte, bekam eine Provision. Sie verdiente zwar nicht so viel, wie wenn sie das Geld direkt verliehen hätte, aber sie konnte schließlich viel mehr Geld über Anleihen auftreiben, als sie selbst zu verleihen imstande gewesen wäre. So hatten alle etwas davon. Einem aufmerksamen Zuhörer hätte auffallen können, dass das fast wie im Paradies wäre, es wäre fast wie die wunderbare Brotvermehrung.

Darüber konnte man fast vergessen, dass es um Krieg ging. Krieg bedeutete für die Bevölkerung immer eine Verarmung, eine Zerstörung, ein Unheil. Und niemand wusste, ob das Geld, das sich die Königshäuser liehen, irgendwann wieder in die Bevölkerung zurückfließen würde. Darüber wusste man kaum etwas. Man wusste nicht, wie sich das alles langfristig auswirken würde, ob man es mit einem Kreislauf zu tun hatte.

Die Fürstenhäuser liehen sich also nicht einfach Geld, weil auch die wohlhabendsten Kaufleute dafür nicht genug Geld hatten. Bei der Anleihe vermittelte der Bankier nur. Jakob Friedrich Gontard und Söhne war zusammen mit Bethmann die erste Bank gewesen, die in Frankfurt eine Anleihe ausgegeben hatte. Das war nun bald zwanzig Jahre her. Gontard war aus diesem

Geschäft ausgestiegen, es behagte ihm nicht. Bethmann aber betrieb es weiterhin, vor allem mit Wien, hatte damit großen Erfolg und wurde reicher und reicher.

Gontards Haltung war klar: Niemand könne wissen, ob er das Geld jemals zurückbekommen würde. Man könne nichts tun, wenn zum Beispiel Preußen sagte, dass man nicht zahlen wolle, nicht zahlen könne oder nicht zahlen werde. Willemer, der in Preußen hoch investiert war, konnte schlecht einen Krieg gegen Preußen beginnen, um sich das Geld zurückzuholen. Man konnte auch nichts tun, wenn alle auf einmal ihr Geld zurückhaben wollten. Der Anleihemarkt konnte in sich zusammenfallen wie eine aufgeblähte Schweinsblase.

Gontard glaubte nicht an den Anleihemarkt. Er glaubte daran, dass es auch im Krieg bessere Arten gab, um Geld zu verdienen. Er berief sich darauf, dass die Firma Gontard und Söhne immer groß durch den Handel war und dass sich auch heute dort viel Geld verdienen lasse. Englische Tuchwaren wurden damals immer begehrter. Darin lagen große Möglichkeiten. Die Franzosen errichteten seit zwei Jahren Handelssperren. Das behinderte die Geschäfte, das erforderte aber auch, dass es jemand gab, der wusste, wie man die Handelssperren umging. Je höher die Schranken, desto höher die Gewinnspannen.

Gontard lieferte aus England, was in Frankreich verboten war. Das Haus hatte traditionell beste Beziehungen zu Englands Warenhäusern, das wollte er sich nicht nehmen lassen. Das war aus seiner Sicht das beste Geschäft, und vor allem, es würde auch nach dem Krieg weitergehen.

Vielleicht hätte Hölderlin Gontard auch nach den Assignaten gefragt. Das revolutionäre Frankreich hatte sie vor ein paar Jahren als Zahlungsmittel ausgegeben, seitdem waren sie schwer in Verruf geraten. Es war doch nur Papier. Niemand wollte sie haben.

Je mehr man aus der Welt der Finanz und des Handels hörte, desto wunderbarer erschien sie. Hier in Frankfurt schien man gerade das Geld, das man bei Hölderlin zu Hause doch so sehr hütete und verbarg, neu zu erfinden und freier damit umzugehen. Es konnte scheinen, als schaffe sich das Geld neue Verwendungsmöglichkeiten, als sei das Geld lebendig und als sei die Anleihe die Antwort auf das alte Alchimistenproblem, wie man aus Heu Gold macht.

Cotta

Voller Erregung setzte Hölderlin sich an seinen Schreibtisch und schrieb an Cotta, den großen Stuttgarter Verleger. Jetzt würde er die Dinge angehen.

»Frankfurt. d. 15. Mai 1796. Ihre gütige Zuschrift hat mich bestimmt, den Hyperion noch einmal vorzunehmen, und das Ganze in Einen Band zusammenzudrängen; es war, indeß ich Ihnen das Manuscript geschikt habe, dieser Wunsch einigemal in mir entstanden; die Verzögerung des Druks und Ihre Äußerung über die Ausdehnung des Werks waren mir also keineswegs unangemessen; natürlich muss ich nun aber auch den Anfang, den sie schon haben, abkürzen, um ein Verhältniß in die Theile zu bringen [...]«

Ja, Hölderlin konnte tatkräftig sein, er konnte menschenklug sein, nicht nur musengeküsst, nicht nur schönheitstrunken, seelenvoll, naturverliebt und liebeserfüllt. Ein wenig hatte er offenbar schon gelernt, diese Frankfurter Sprache zu sprechen – die Sprache der Verhandlung, die Sprache der geschickten Vereinbarung und des Kontrakts.

Kapitel 3

Mai bis Oktober 1796

Flucht

Wie sorgfältig war im Mai der kleine Umzug in das Sommerhaus auf der Pfingstweide geplant worden! Eine Woche lang wurde eingepackt, wieder ausgepackt, umgepackt, mehrere Wägen voller Körbe, Koffer und Kisten wurden in den Osten der Stadt geschickt und entladen, kamen zurück und wurden neu beladen. Kleidung, Wäsche, Toilette, Bücher, Lernmaterial, Puppen, ja sogar Geschirr und Lebensmittel, an alles wurde gedacht. Alle waren dabei, bis auf Gontard, der der Geschäfte wegen in der Stadt blieb, aber an den Wochenenden und manchmal auch abends herauskam. Umgezogen waren Susette Gontard und Marie Rätzer, alle drei kleinen Mädchen, Henriette, Helene und Amalie, dann Henry, Hölderlins Schützling, dazu Hölderlin selbst. Außerdem Margarete, Cobus' Schwester, die von Ebel geliebt wurde, und seine Mutter, Susanna Maria geborene d'Orville.

Marie hatte den Umzug in die Hand genommen und kommandierte die Bediensteten. Ein vollständiger Hausstand wurde in die gemietete Villa verpflanzt und so war der Umzug, die paar Kilometer vom Zentrum in den Osten der Stadt, eine echte Unternehmung geworden.

– Haben Sie alle Ihre Unterlagen, Bücher, vor allem alle Manuskripte bei sich, Hölderlin? Haben Sie an Papier gedacht, Tinte, alles was Sie für ihr einsames, stummes Handwerk brauchen?
– Ja, Mademoiselle Rätzer, ich denke, ich habe alles dabei. Aber selbst wenn ich etwas vergessen haben sollte, der Weg zurück ist doch nicht so weit, dass man nicht etwas nachholen könnte.

– Sie haben selbstverständlich Recht, Hölderlin, aber wir wollen in der Natur doch recht ungestört unser genießen.

Hölderlin bemerkte die kleine Anspielung, schaute weg, schaute Marie an und stammelte:

– Sie haben Recht ... Natur ... Wie konnte ich ...

– Nun machen Sie keine Affäre daraus. Aber nun, wo es so recht ruhig zu werden verspricht, sollten auch Sie mich beim Vornamen anreden, Friedrich!

Hölderlin, der so sehr darauf achtete, dass er Haltung bewahrte, sprang auf:

– Mademoiselle, Marie ...

Es schien ihr richtig Spaß zu machen, dass sie ihn verunsichert hatte.

Wie anders dagegen war der Aufbruch jetzt, im Juli, auf der Flucht! Der so sehr zur Gewohnheit gewordene Gang der Dinge auf der Pfingstweide, das heitere Spiel, sie wurden jäh unterbrochen. Ein reitender Bote brachte die Nachricht, dass die Stadt vor der Einnahme stehe, der Krieg, der doch immer irgendwo in Europa wütete, kam nahe, man müsse sofort fliehen, es gehe vielleicht um ein paar Stunden, man habe keine verlässliche Nachricht. Eine knappe Stunde später traf Gontard im Wagen ein, sehr aufgeregt und voller Sorge. Er lief hin und her, hinein ins Haus und aufgelöst wieder hinaus auf den Hof. Es gab nur zwei schnelle Kutschen für alle neun Personen, eine geschlossene Equipage und einen leichten Phaeton. In Windeseile wurde nun zusammengerafft, was man nicht entbehren konnte. Zum Glück war Sommer, aber wer wusste, wie lange diese Flucht dauern würde? Wer wusste, ob nicht auch das Wetter machen würde, was es wollte? In Hamburg war es außerdem kühler als hier im Süden, das wusste man, man musste Kleidung für gesellschaftliche Gelegenheiten dabeihaben, man würde lange unterwegs sein. Es war alles so unabsehbar!

Die Angst vor den Revolutionären, die sie sich alle als ausgesprochen wilde Kerle vorstellten, brachte sie um den Verstand, die Kinder wurden von der Kopflosigkeit ergriffen, die allgemeine Unruhe war mit Händen zu greifen. Als der Krieg konkret wurde, wurde selbst Hölderlin, der doch immer für die Revolution war, von dieser Stimmung ergriffen. Er wollte am liebsten seine Zeit weiter ungestört mit seiner kleinen Gruppe verbringen. Er nahm die Franzosen als Eindringlinge und Störenfriede wahr.

Man würde zunächst nach Osten fahren müssen, erklärte Gontard, denn die Franzosen stünden im Norden Frankfurts. General Jourdan mit der Revolutionsarmee hatte die Kaiserlichen bei Wetzlar und in den letzten Tagen schon mehrfach in kleineren Scharmützeln geschlagen, er drängte sie immer weiter auf Frankfurt zurück, wer weiß, vielleicht war die Friedberger Warte schon sein, vielleicht würde er morgen am Friedberger Tor stehen. Also musste man schnellstens am Main entlang bis nach Hanau, um dann in einem Bogen hinauf nach Fulda zu gelangen. Man hörte bereits die ersten Fliehenden, die an der Pfingstweide vorbeizogen, fast alle waren sie mit Kutschen unterwegs. Die weniger Wohlhabenden, die zu Fuß hätten gehen müssen, blieben wohl zu Hause. Sie hatten auch weniger von den Franzosen zu befürchten.

Tripolissa

Am 14. Juni – nach vier Reisetagen, während deren manche Nacht in äußerst primitiven Unterkünften zugebracht werden musste, da die gehobenen Gasthäuser schon belegt waren – erreichten sie Kassel. Es erschien ihnen als eine Stadt himmlischer Ruhe. Am gleichen Tag kapitulierte Frankfurt.

Die Gruppe der Fliehenden war die gleiche wie die, die auf die Pfingstweide umgezogen war – die Damen, die Kinder, Hölderlin.

Kassel erschien den Reisenden nun derart abgeschieden, derart ruhig, derart idyllisch, dass sie meinten, für immer hier bleiben zu müssen. Aus der Ferne hatten sie die Stadt gesehen, wie sie in ihrem weiten Tale lag, das fast mehr einer Hochebene glich, hatten schon von weitem die herrlichen Parkanlagen erkannt, die Wilhelmshöhe mit dem Wasserfall und den Burg- und Schlossgebäuden, und den Blick immer wieder durch die wunderbare Umgebung schweifen lassen, so dass schon das wandernde Auge ihnen ein Gefühl rechter Freiheit gab.
– Tripolissa, sagte Hölderlin.
Niemand verstand, was er meinte.
– Die Stadt mitten in Arkadien. »Denn wär' er mit mir fortgezogen, so läg er jetzt bei Tripolissa im Staub.«
– Arkadien.
Marie wiederholte – mit einem Anflug von Sehnsucht in der Stimme – dieses Wort. Madame Gontard sagte nichts.

Übermut

Kassel war ein Wunder. Wo am Anfang Bestürzung und Angst gewesen waren, hier waren sie der Sorglosigkeit, ja dem Übermut gewichen. Die Frauen, groß wie klein, alt wie jung, tollten durch die Parkauen. Alle spielten sie mit den mitgebrachten Puppen, sie kugelten sich auf der Wiese und lachten. Sogar die Schwiegermutter machte mit. Die Puppen wurden lebendig, die Kinder gaben ihnen ihre Stimmen, dann spielten auch die Erwachsenen. Es änderte sich in schnellem Wechsel, wer gerade Puppe war und wer nicht, wer sprechen konnte und wer nicht. Dann spielten die kleinen Mädchen wie die erwachsenen Frauen, dass sie selbst Puppen wurden, und lachten und lachten.

Am übermütigsten aber waren Henry und Hölderlin, den der Junge, vielleicht war es in dieser Zeit, »Hölder« zu nennen be-

gann. Schon auf der Fahrt hatten sie begonnen, sich in Schlachtszenen hinein zu fantasieren.
- O Schlacht fürs Vaterland!, rief Henry, nieder mit dem Franzos', nieder mit den Republikanern. Freiheit!

Hölderlin war fasziniert davon, wie Frau Gontard und ihre Schwiegermutter nun besorgt waren. Sie warfen sich Blicke zu und sagten zunächst nichts. Irgendwann aber meinte Frau Gontard eingreifen zu müssen
- Die Schlacht liegt weit hinter uns, Henry, sie wird schon vorbei sein. Mäßige dich, mein Sohn!

Am folgenden Tage ging das Spiel weiter. Henry hatte sich jetzt zum Griechen gewandelt.
- Achaier, brüllte er und rannte, mit einem Stock in der Hand, dem Feind entgegen. Folgt mir nach, Getreue! Auf nach Argos! Taten will ich sehen!

Darauf Hölderlin, zaghaft, wie Begleitmusik:
- Der Zephyr, der wilde Westwind, wird uns leiten.

Ihm war klar, dass Henry ihn imitierte.
- Auf nach Argos, Theseus, Peleus, Herakles, all ihr Argonauten!

Hölderlin war sprachlos. Was Henry sich alles gemerkt hatte!
- Zeus, Göttervater, Neptun und Athene, steht uns alle bei! Zum edlen Kampfe geht's nun übers Meer!

Henry war nicht zu bremsen. Sein Stock wurde zum Mast, er lehnte sich gegen den Wind, die Böen griffen ihm ins Haar, und so wurden die Schiffe der Achaier kraftvoll nach vorne getrieben. Hölderlin war höchst erfreut. Er konnte es nicht verbergen. Offenbar war seine Griechenlandbegeisterung auf fruchtbaren Boden gefallen. Die vergangenen Wochen hatten sie begonnen, ein wenig aus dem Homer durchzunehmen.
- Höre das Wiehern der Pferde, das Klirren der Waffen ..., sagte Hölderlin
- ... das Knattern der Flamme, fügte Henry hinzu.

Hölderlin wunderte sich über den originellen Ausdruck.

– Komm, kleiner Krieger, wir ziehen in die Schlacht, zunächst aber, komm zu Pferde hinauf in die Berge, auf dass wir weithin das Land übersehen.

Sie taten beide so, als hätten sie Zügel in der Hand, als würden sie in schnellem Lauf einen Hang hinauf reiten, als würden die Pferde wiehern und schnauben. Und als würden sie, so schwitzend wie frei, oben auf die Kuppe gelangen.

Unten, am Fuß des Berges, stand das Heer der Getreuen, die waffenstarrenden Mannen.

– Tausend Waffen sammeln sich dort unten, sagte Henry, zu schützen die Häuser und Höfe ...

Und Hölderlin entgegnete:

– Wie ein Weizenfeld stehen die Lanzen beisammen, wie ein Feld unzähliger Ähren.

Navarin ist unser

Am folgenden Tag ging dieses eigenartige Spiel weiter:

– In einer Woche ist der Peloponnes befreit!

Henry war gar nicht mehr zu bremsen. Und in Hölderlins Kopf begannen sich die Sätze wie im freien Spiel zu bilden.

– In einer Woche ist er befreit, der alte edle heilige Peloponnes! Ich spüre das künftige Leben wie Morgenluft. Bis Elis und Nemea haben wir uns durchgewunden, genommen den Korinthischen Isthmus.

Jetzt konnte auch er nicht mehr an sich halten.

– Der kleinste unserer Siege ist mir lieber als Marathon und Thermopylä und Platea. »Navarin ist unser und wir liegen jetzt vor Misistra. Es geht gut, nur gehts uns allen zu langsam. Unsere Leute sind, wie angezündeter Kienwald, seit es zum Gefecht gekommen ist. und ich – o Mädchen meiner Seele! seit ich die Fahne, die ich einer albanischen Horde entriß, an einem Steine des alten Sparta aufhieng, und unter den erbeuteten Waffen unsre alte Schande und die leeren Tränen, die ich sonst geweint, den Manen des Lykurg und Leonidas abbat, seitdem bin ich ein anderer geworden!« Es waren Zeilen des *Hyperion* – inspiriert von den vergangenen Tagen, Frankfurt und den Franzosen, der Reise, der Nähe dieser wunderbaren Frauen, die er begleiten durfte, vor allem aber von Henry.

Hölderlin schrieb viel in diesen Tagen. Der *Hyperion* schien ihm jetzt wie unter der Hand von alleine zu entstehen. Immer leichter fiel es ihm, sich in das ferne Griechenland zu begeben, immer natürlicher erschien es ihm, mit den fernen Augen Hyperions auf Deutschland zu blicken.

Berührung II

Abends saßen sie wieder in den Parkanlagen. Es war noch hell, die Kinder spielten etwas abseits auf einer Wiese, Madame Gontard, Margarete und Madame d'Orville spazierten auf den reizenden Wegen, als Marie wie zufällig neben dem in sich versunkenen Hölderlin zu sitzen kam. Bevor er überhaupt wusste, wer es war, der da neben ihm saß, spürte er die Anwesenheit eines Körpers, das Gefühl der Nähe. Sein eigener Leib war im gleichen Moment gepackt, durchwirkt von der angenehmen Empfindung.

Hölderlin blickte sie an, ihre Haut schien zu schimmern. Sie sagten beide nichts. Nach einer Weile des Schweigens begann Hölderlin Marie von dem Buch zu sprechen, an dem er gerade arbeitete. Sie hatte ihn danach gefragt, und er gab bereitwillig Auskunft, er erzählte von Griechenland, immer wieder von Griechenland, und schon nach kurzer Zeit war auch Marie wie verzaubert und glaubte sich nicht mehr in den Kasseler Parkauen, sondern auf dem Peleponnes in einem schattenspendenden Eichenhain.

Sie bat ihn, ihr etwas zu lesen zu geben. Vielleicht dürfe sie sogar für sich das ein oder andere abschreiben. Es wäre ihm eine Freude, er würde sich glücklich schätzen. Eine andere Antwort wäre ihm regelrecht unnatürlich und unschicklich erschienen. Sie standen auf, gingen nun ihrerseits auf den schönen Wegen spazieren, und fühlten sich dabei von der warmen, ein wenig feuchten, etwas diesigen Luft wie gestreichelt.

Sie gingen schweigend einen lieblichen Weg auf die Orangerie zu: Der Landgraf von Kassel hatte wirklich einen außergewöhnlichen Garten anlegen lassen. Da nun sah Hölderlin, als er den Blick nach vorne richtete, Madame Gontard versunken auf einer Bank sitzen. Ihre dunklen glatten Haare fielen weich über die Schultern, die Augen selbstvergessen zu Boden gerichtet, schien sie in Gedanken in einer anderen Welt.

Er hatte sie schon auf der Pfingstweide so sitzen sehen. Nun nahm dieses Bild Hölderlin gefangen. Madame erschien ihm wie ein Bild seiner eigenen unbestimmten Sehnsucht, seiner Sehnsucht nach der Ferne, nach der Frau, nach der Schönheit. Er glaubte sich endgültig nach Arkadien versetzt, er konnte nicht glauben, dass das möglich war, dass ihm, gerade ihm, dem Theologiestudenten aus Tübingen, das alles wiederfahren sollte. Das Dasein erschien ganz wirklich und ein Traum zugleich. Heilige Götter!

Madame Gontard war mit sich selbst beschäftigt – und mit einsamen Gedanken, die aufzuschreiben wohl nie jemand versuchen wird.

Besuch Heinses

Während im sommerlichen Kassel die Tage dahingingen, während die kleine Gesellschaft weiterhin den Reichtum und den Geschmack des Landgrafen von Hessen-Kassel bewunderte, der so schöne Anlagen, Orangerien und Gartenhäuschen baute, ja der die ganze Landschaft gestalten ließ, während sie einen Ausflug nach der Hugenottengemeinde Hofgeismar unternahmen, wo es einen Gesundbrunnen gab, zu dem der Landgraf ein Schlösschen und einen kleinen Tempel hatte bauen lassen, während Hölderlin hier die Armut der Landeskinder wahrnahm, die so bitter mit dem Prunk des Landgrafen kontrastierte, »Krieg den Palästen!«, während sie alle gemeinsam die Stufen zur Wilhelmshöhe hinaufstiegen, dabei die Wasserspiele bewunderten, die Schloss- und Burganlagen oben auf dem Berg, während so die Tage in zunehmender Selbstvergessenheit zu zerfließen schienen, traf in Kassel der Schriftsteller Wilhelm Heinse ein, ein guter Bekannter, vielleicht gar Freund der Familie Gontard. Hölderlin hatte ihn schon einmal bei einer der Gesellschaften bei den Gontards gesehen. Ihm war damals aber nicht klar gewesen, dass das ein bekannter, berühmter Schriftsteller war.

Zunächst schienen alle von dem Besuch gestört, es schien ihnen das Ende der schönen Zeit, es erinnerte an Frankfurt und die Welt. Bald aber war Heinse, ein charmanter Plauderer, ein glänzender Unterhalter, ein galanter älterer Herr, der die Damen für sich einzunehmen wusste, allseits willkommen. Er war nun, neben Hölderlin, der zweite Mann der Gruppe. Sein *Ardinghello*, ein Kunst- und Italienroman, so wie Hölderlins *Hyperion* ein Griechenlandroman, war das Liebesbuch der Zeit, schwärmerisch, gefühlvoll, frivol.

So war auch Heinse selbst, der es sich als älterer Herr leisten konnte, die Dinge manchmal etwas freizügiger zu sehen.

Waren Hölderlin und Heinse Konkurrenten? Haben sie sich verstanden? Hat Hölderlin in Heinse den Kollegen gesehen, von dem er etwas lernen konnte, der ihn als Schriftsteller würde in die Gesellschaft einführen können? Hölderlin fand in dieser Zeit für den *Hyperion* zurück zum Briefroman, eine Form die auch Heinse in seinem *Ardinghello* verwendet hatte. Später widmete Hölderlin Heinse die beiden Gedichte »Der Rhein« und »Der Weingott«.

Heinse führte die Gesellschaft durch die reichhaltigen Kunstsammlungen des Landgrafen, er erklärte ihnen Rubens' überwältigende *Flucht nach Ägypten*, er zeigte ihnen die berückenden Landschaften Claude Lorrains. Er brachte, obwohl ein älterer Herr, Erotik in die kleine Gruppe. Hölderlin störte sich nicht daran. Auch ihn hatte der freundliche und geistreiche Heinse bald für sich eingenommen.

Frankfurter Staats-Ristretto. No. 140 vom 6. September 1796

London, vom 23. August. Am Sonnabend stürzte der König auf einem Spazierritte mit dem Pferde, ohne Schaden zu nehmen. Die Kaiserin von Russland soll ihre in englischen Sold gegebenen Kriegsschiffe zurückgefordert haben. Folgende Versicherungen sind kürzlich an unserer Börse eröffnet worden: 1) Daß Fiedenspräliminair-Artikel ab oder vor dem ersten nächsten November zwischen Frankreich und Großbritannien gezeichnet seyn werden, wofür 15 Guineen Prozent gegeben worden sind. 2) Daß Lissabon auf 6 Monate sicher ist, 20 Guineen u. 3) daß mit Spanien binnen 6 Monate kein Krieg ausbrechen werde, zu 30 Guineen. –

Paris, vom 28. August. Denn, da Latrimouille emigriert ist, so fiele das Königreich Neapel an die franz. Nation. Man könne sogar darauf Soumission machen, und in Assignaten bezahlen.

Besuch Gontards und des Königs

Kurz darauf kam Susettes Ehemann aus Frankfurt nach Kassel gereist. Er wollte wohl nach den Damen sehen und war dafür, Hin- und Rückreise gerechnet, immerhin mehr als eine ganze Woche unterwegs.

Madame Gontard, Hölderlin verzeichnete das genau, war sehr erleichtert. Ihr Mann berichtete, dass es in Frankfurt keine Plünderungen und Ausschreitungen gegeben hatte, dass aber die Judengasse durch Beschuss in Brand gesetzt worden und zerstört sei. Niemand in der Stadt wisse jetzt, wohin mit all den Juden. Es habe Verhaftungen von Magistratsmitgliedern durch die Franzosen gegeben, zum Glück sei er verschont geblieben.

Der Beschuss hatte am 14. Juli stattgefunden.

Es sei aber nicht ausgeschlossen, dass doch noch jemand in Gewahrsam genommen werde. Tatsächlich wurde Gontards Kommis Kling zu dieser Zeit in Frankfurt verhaftet. Es ging um Geiseln für die enormen Reparationszahlungen, die die Franzosen Frankfurt auferlegt hatten. Insgesamt aber hatte sich die Lage in Frankfurt so beruhigt, dass man bald überlegen konnte, zurückzukehren, statt weiter nach Hamburg zu reisen.

Nach Gontard kam auch noch der König nach Kassel. Es war ein Schauspiel der besonderen Art. Friedrich Wilhelm II., Preußens Regent, machte auf der Rückreise von seiner Sommerresidenz Bad Pyrmont Station in Kassel. Ihn lockten die Annehmlichkeiten in der wohlhabenden Stadt, und der reiche Landgraf ließ es sich nicht nehmen, den König mit allem Prunk und Pomp zu bewirten. Er ließ einige Soldaten aufmarschieren, große, kräftige Kerle, mit denen er Preußens obersten Feldherrn zu beeindrucken suchte – was ihm gelang.

Es war ein unwürdiges, liebedienerisches Theater, das der reiche Landgraf vor dem König aufführte. Und es war ganz bestimmt der sicherste Weg, um Hölderlin an seine republikanische Gesinnung zu erinnern.

Erziehung

Gontard wusste durch das Informationssystem der Bank über die Kriegsvorgänge gut Bescheid. General Jourdan war weiter auf dem Vormarsch, die republikanischen Truppen waren bis nach Bamberg gekommen. Genauso wie Moreau in Hölderlins schwäbischer Heimat nicht zu stoppen schien, nach Stuttgart hatte er auch Ulm eingenommen. In Italien feierte der General Bonaparte, der »Jüngling«, wie Hölderlin ihn nannte, einen Erfolg nach dem anderen. Die Franzosen schienen unbezwingbar, und Hölderlin freute sich nun wieder darüber. Sein Herz war eben doch republikanisch. Gleichzeitig nahm er die Sorge um seine Familie in Württemberg nicht mehr so ernst wie sonst. Ihnen würde schon nichts passieren.

Gontard musste auffallen, wie lebendig sein Sohn war. Hölderlins Verhältnis zu Henry wurde in dieser Zeit besonders eng, und Gontard schien sich nicht daran zu stören. Die Spiele mit Henry waren für Hölderlin keine Kindereien, sondern der volle Ernst. Und Gontard, so schien ihm, hatte großes Vertrauen, dass er, Hölderlin, das alles richtig machen würde.

Hölderlin versuchte ganz auf den Jungen einzugehen. »Es läßt sich im Allgemeinen vieles plaudern, aber, um nützlich zu seyn, müssen wir einander auch auf das, was jeder besonders ist und hat, aufmerken.« So schrieb er seinem Bruder Karl im Juni, so hatte er es mit Henry gelernt. Überhaupt hielt er nichts davon, sich als Erwachsener kindisch zu stellen, denn der Baum und das Kind suchen, was über ihnen ist. Die Bäume streben nach oben, die Kinder wollen aufschauen.

Hölderlins Philosophie in dieser Zeit war einfach. Alles Lebende strebt nach oben. Was aber ist dort? Die Götter, nicht der Gott. So wie es bei Schiller eine Welt voll mit den »Göttern Griechenlands« gab, ein Gedicht, das Hölderlin sehr liebte. Ein offener Himmel. Denn was die Götter waren, das veränderte sich. Bald würde für Hölderlin der Äther das Göttliche sein.

Für die Pädagogik ergab sich daraus: Der Lehrende hat sich so zu verhalten, dass die Kinder zu ihm aufschauen können. Jeder solle er selbst sein können, frei, um nach seinem eigenen Maß zu wachsen und zu gedeihen. Jeder solle seine eigene Welt sein können.
Hölderlin schrieb damals die erste Fassung des Gedichts »Die Eichbäume«.

Von den Dörfern komm' ich zu euch, ihr Söhne des Berges!
Von den Wiesen, da lebt die Natur geduldig und häuslich
Pflegend und wiedergepflegt mit den fleißigen
                 Menschen zusammen.
Aber ihr, ihr Herrlichen! steht wie ein Volk von Titanen
In der zahmeren Welt und gehört nur euch und dem Himmel,
Der euch nährt' und erzog und der Erde, die euch geboren.
Keiner von euch ist noch in die Schule der Menschen
                 gegangen,
Und ihr drängt euch fröhlich und frei, aus der
                 kräftigen Wurzel,
Unter einander herauf und des Gärtners Linie scheidet
und gesellet euch nicht in allzufriedlichen Reihen.
Eine Welt ist jeder von euch.

Geschäft

Nach längerer Diskussion verwarf die Gruppe der Fliehenden, die zu einer Reisegesellschaft geworden war, sowohl die Reise nach Hamburg als auch die Rückkehr nach Frankfurt. Niemand hatte mehr Lust, in die nördliche Großstadt zu reisen, wo sie besorgten Verwandten würden erklären müssen, was passiert sei, wo sie gesellschaftliche Pflichten würden erfüllen müssen, wo sie der städtischen Hitze nicht würden ausweichen können, und vor allem, wohin die Reise noch weit war. Aber auch eine Rückkehr schien verfrüht, noch hatte sich die Lage nicht ausreichend beruhigt. Also war es das Beste, hier zu bleiben oder, noch besser, nach Bad Driburg in Westfalen weiterzureisen. Der kleine Kurort war noch abgelegener und deswegen noch sicherer, der gute Soemmerring hatte den Ort empfohlen.

So war es ausgemachte Sache. Nachdem Cobus abgefahren war, würde man nach Bad Driburg weiterreisen. Zunächst aber wollte Susettes Gatte noch etwas in Kassel bleiben. Wenn er schon einmal da sei, könne er auch versuchen, Kontakt zu diesem Herrn Buderus aufzunehmen. Vielleicht war das ebenfalls ein Grund seiner Reise gewesen.

Buderus war der Frankfurter, der einst bei Rothschild gearbeitet hatte, jetzt aber den Landgrafen in Finanzfragen beriet, und über den vielleicht später das ein oder andere Geschäft zustande kommen könnte. Nach wie vor erhielt der Landgraf Zahlungen aus England für seine Soldatenkontingente. Dank der guten Verbindungen der Gontards auf die Insel und der französischen Handelssperren wären hier bestimmt einträgliche Geschäfte möglich gewesen. Letztlich waren Cobus' Bemühungen aber wohl erfolglos und er reiste unverrichteter Dinge ab.

Bad Driburg

So kam Hölderlin tatsächlich unter die Deutschen. Er war in Jena und Waltershausen gewesen, kannte nun Frankfurt und Kassel, sah die deutschen Lande, wie sie flacher werden auf dem Weg zum Meer, und nun sollte es noch weiter nach Driburg gehen.

Bad Driburg in Westfalen, das sei das deutsche Böotien, schrieb Hölderlin dem fernen Bruder. »Ich wandere durch diß Land, wie durch Dodonas Hain, wo die Eichen tönten von ruhmweissagenden Sprüchen«, schrieb er im *Hyperion*. Unter Ioniens Himmel durchschritt er die Vaterlandserde.

Marie flocht ihr Haar und band es nach oben, trug die Gewänder im hellenischen Stil und achtete darauf, dass ihr zarter Nacken, den viele bewunderten, gut zur Geltung kam.

Die Gruppe wurde von der spätsommerlichen Atmosphäre erfasst. Man machte kleine Ausflüge, ein Picknick, versammelte sich auf den Wiesen, stellte sich selbst zum Tableau, als ginge es darum, sich für ein Gemälde zu arrangieren. Sogar die Kinder hatten Vergnügen daran. Sie waren wie eine Familie, mit Heinse und Hölderlin waren nun auch zwei Herren dabei, man hatte Decken, Körbe, Hunde bei sich, sogar zwei Pferde hatte man mitgenommen. Es war immer wieder ein Idyll in freier Natur, die als ihre Bühne geschaffen schien. Allgemein bedauerte man, dass kein Maler dabei war, um die Szene, in der sich alle so wohl fühlten, festzuhalten.

Es gibt eine Abschrift einer Fassung des *Hyperion* in der Handschrift Maries, wahrscheinlich aus dieser Zeit. Darin heißt es:

»Ach! da sie mir erschienen war, u: mein ungeduldig Herz noch Ruhe fand in der Einen, daß ein solches Wesen unter uns auf Erden lebte, da ich sie noch dem Himmel gönte dem sie angehörte, und der Welt die sich verschönerte durch sie, da ich so in reiner Freude in stiller seeliger Genügsammkeit das süße Licht umschwebte – wenn neben ihr gieng, und hörte, u: von nichts mehr wußte als dem herrlichen Geist ihrer Rede und sich am Ende kein Wort mehr fand für ihre Gefühle u. sie schweigend niedersah erröthend vom himmlischen Feuer, u. mir dann so sichtbar ward wie sie vergaß, daß ich noch um sie war – ich hätte sie um alles nicht an mich gemahnt – meine Seele fühlte sich nie göttlicher als wenn ich sie so betrachtete in ihrer heiligen Vergeßenheit! – Warum konnt es nicht so bleiben? warum mußt ich an mich denken?«

Kapitel 4

Oktober bis Ende 1796

Abhängigkeiten

Nun freute sich die kleine Reiserunde auf die Rückkehr. Sogar die Kinder wollten nach Frankfurt. Bad Driburg lag längst verlassen, sie waren seit Wochen die einzigen Gäste. Das war ihnen nicht unrecht gewesen, aber langsam fühlten sich alle, sogar Hölderlin, hier einsam. Marie war ohnehin schon länger für die Rückreise gewesen. Sie war nun mal nicht so für die Abgeschiedenheit zu haben. Auch der Abschied von Heinse fiel nicht schwer, wollte er sie doch alle in Frankfurt besuchen.

Wie prachtvoll ihnen der Weiße Hirsch erschien, als sie in Frankfurt ankamen! So viele Hütten und kleine Häuser hatten sie gesehen, Bäume und freies Land, dass ihnen nun die Größe, vor allem aber die außergewöhnliche Eleganz des Hauses auffiel. Sage und schreibe neunzehn Fenster reihten sich in den beiden Etagen an der Schauseite des Palais aneinander. Auch in Paris konnte man schwerlich vornehmer wohnen. Es zeigte sich wieder: Wohlstand und Geschmack gehören zusammen. Wo sonst ragten die schmalen Fenster so gleichmäßig und elegant nach oben?

Überrascht wurden sie von Gontards Abwesenheit. Hatten sie ihre Rückkehr doch angekündigt! Er aber war in Nürnberg. Es war nicht die Angst vor Franzosen, die ihn verschleppen wollten, es waren dringende, unaufschiebbare Geschäfte. Gontard brauchte (genauso wie die Stadt Frankfurt) neue solvente Verbündete, es ging um Zahlungen, Schulden, Außenstände.

Die Messe und Gesellschaften, die sogar Madame Gontard in Bad Driburg vermisst hatte, hatten dieses Jahr so gut wie nicht stattgefunden. Die schwirrende Geschäftigkeit, das unübersehbare Treiben, das die Stadt sonst für einen Monat erfüllte, es hatte sich einfach nicht eingestellt. Man machte gute Miene, Klappern gehört zum Geschäft, aber jeder, der in Frankfurt war, spürte das Fehlen der Messe als schmerzliche Lücke.

Wir wissen, dass Gontard damals in Nürnberg war, wir wissen nicht, warum genau. Wir wissen, dass die Geschäfte schlecht liefen zu dieser Zeit, wir wissen aber nicht, wie sich das speziell auf Gontard auswirkte. Die Vermutung, dass er wegen diverser Geschäfte in Nürnberg war, ist naheliegend, der Gedanke, dass er neue Handelsmöglichkeiten suchte, ebenfalls. Wir wissen, in Nürnberg war, nach dem Einmarsch der Franzosen im August, das Fleisch ausgegangen.

Wir wissen, dass die Frankfurter Messe dieses Jahr ziemlich unspektakulär ausfiel, aber wir wissen nicht, ob Gontard sich tatsächlich verspekuliert hatte. Es ist also wie eigentlich immer: Es gibt Möglichkeiten und Wahrscheinlichkeiten, aber es gibt kaum Sicherheiten. Wir wissen, und wir wissen nicht.

In Nürnberg war die Lage ausgesprochen angespannt, im November gab es einen Aufstand der Bäckergesellen. Der *Frankfurter Staats-Ristretto* berichtete, dass auch in Nürnberg von den Franzosen Geiseln genommen worden waren.

Ziemlich sicher versuchte Gontard so schnell als möglich zu seiner Familie zurückzukehren, wurde aber durch etwas aufgehalten. Er war lange, wahrscheinlich einen Monat, in Nürnberg. Vielleicht spürten die schlauen Nürnberger Kaufleute, dass da jemand in einer Notlage war. Sie wollten selbstverständlich mit ihm Geschäfte machen. Gern kamen die Nürnberger zur Frankfurter Messe. Aber die Möglichkeit, den Frankfurter Großkaufmann und Bankier etwas vorzuführen und dabei einen kleinen Zusatzprofit herauszuschlagen, war sicher verlockend. So könnte es gewesen sein.

In der Familienerinnerung war die Reise nach Nürnberg jedenfalls ein unangenehmes Ereignis. Gontard, der in Nürnberg eigentlich nur Verbindungen hatte knüpfen wollen, ärgerte sich ungemein. Er spürte, wie sehr er durch den Rückgang der Geschäfte in Abhängigkeit geraten war, was er mehr als alles andere hasste. Darin, in dieser Abneigung gegen Abhängigkeit, stimmte er mit seinem Hofmeister in Frankfurt vollständig überein.

In der abgebrannten Judengasse

Dieser Hofmeister ging ein paar hundert Meter über die Zeil in die Judengasse. Er wusste nicht, was und wie er von Juden denken sollte. Tatsächlich wissen wir ebenfalls nicht, ob er jemals dort war, wir wissen nicht, anders als zum Beispiel bei Hegel, ob Hölderlin eine bestimmte Meinung zu den Juden hatte. Sicher hatte er keinen ausgeprägten Standpunkt. Vielleicht kann man seine unausgesprochene Haltung auf einen einfachen Satz und eine damals weitverbreitete Haltung herunterbrechen: Sie sind Menschen, aber sie sind auch Juden. Nur, was bedeutete das?

Die Judengasse sei vom französischen Bombardement fast vollständig zerschossen, hieß es, die meisten Häuser stünden nicht mehr. Dieses Bombardement war für die Stadt Frankfurt das zerstörerischste Ereignis des Angriffs der Franzosen.

Als Hölderlin ankam, fand er alles bestätigt. Es gab keine Tore mehr, alles war offen. Trotzdem war es immer noch, als betrete man verbotenes Gelände. Man sah zerschossene Häuser, offen daliegende Keller, kaputte Mauern, fehlende Türen und Fenster, Müll und Unrat, der immer noch nicht beiseite geräumt war, die Enge, in der diese Menschen gehaust hatten. Das Wort »hausen« machte tatsächlich Sinn. Es war erstaunlich, dass es hier auf engstem Raum so etwas wie Wohlstand gegeben hatte.

Was dachte Hölderlin darüber? Wir nehmen an, er war mitfühlend, er sah das Leid, die Toten, die Verletzten, das Feuer, das Blut, obwohl der letzte Schrei schon lange verhallt war. Er dürfte das Wehklagen der Mütter und Väter mitbekommen haben, wie auch das stumme Leid der Kinder.

Hölderlin dachte vielleicht auch, und damit wäre er längst nicht der Einzige in der Stadt Frankfurt gewesen, das geschieht den Juden schon recht. Wer so haust, wer hier diese schmutzigen Geldgeschäfte macht, die doch nur im Dunkeln gedeihen können, der hat es nicht anders verdient. So dachten damals viele. Dass die Juden in diese Lage, in dieses Lager musste man besser sagen, gepresst und gezwungen worden waren, daran dachte Hölderlin wahrscheinlich nicht. Es kam dem jungen Mann, der jetzt, Ende Oktober 1796, allein durch die Judengasse ging, nicht in den Sinn, wie das damals wenigen in den Sinn kam.

Integrieren

Endlich dann doch wieder zurück in Frankfurt, bemerkte Gontard, wie ausgesprochen gut sich seine Familie befand. Die Damen waren allesamt heiter, gesellig und charmant, die Kinder munter und aufgeweckt wie nie – aber doch auch folgsam und liebenswert. Alles war in guter Verfassung. Er schrieb das nicht nur dem Aufenthalt auf dem Lande zu, sondern auch seinem Hofmeister, der ihm weiterhin einen ausgesprochen positiven Einfluss auf die Familie zu haben schien.

Gontard trug sich mit dem Gedanken, Hölderlin in die häusliche Gemeinschaft sozusagen vollständig zu integrieren, so wie er das mit Marie gemacht hatte. Er war zu sehr Familienmensch, um das nicht als beste Lösung zu erachten. Nun überlegte er, wie er mit Hölderlin darüber ins Gespräch kommen sollte.

Bei Tisch wurde zum wiederholten Male von Geld gesprochen.

– Werden die Franzosen uns alles Geld wegnehmen?
– Machen Herr Bethmann und Herr Gogel nun keine Geschäfte mehr?

Bethmann kannten sogar die Kinder als märchenhaft reichen Mann, und auch Gogel, der Weinhändler, war ihnen vertraut.

- Werden wir jetzt alle hungern müssen, wenn keine Messe mehr ist?

So etwa fragte Henry beim Mittagessen. Überall wurde jetzt vom Geld gesprochen. Alle machten sich Sorgen wegen der ausgefallenen Messe. Gontard fragte Hölderlin, warum Henry von der politischen Situation und den Auswirkungen auf Geld und Geschäfte gesprochen habe. Die Antwort war naheliegend.

- Überall wird nur noch vom Geld gesprochen, Herr Gontard. Alle haben Angst wegen der ausgefallenen Messe.
- Ja, da haben Sie Recht. Es kann bei Henry auch das gute Zeichen einer beginnenden Geschäftstüchtigkeit sein.
- Ja, ich denke, ihn beschäftigt, was Sie tun, Herr Gontard. Wie alle Kinder hat Henry einen starken Trieb zur Nachahmung gegenüber den Menschen, die er als sein Vorbild erachtet. Ich glaube, bei ihm ist dieser Zug sogar besonders ausgeprägt.

Wein

Als man sich in Frankfurt von ausbleibenden Geschäften nicht die Stimmung verderben lassen wollte, als man weitermachen wollte wie bisher, da entschied sich Jakob Gontard, nachdem er im Oktober aus Nürnberg zurück war, einen großen Empfang zu veranstalten. Er wollte der schleichenden Depression aktiv gegensteuern. Sein Bruder Franz und sein Onkel Johann Heinrich, der noch immer für jedes Fest zu haben war, beteiligten sich. Alles, was in Frankfurt Geld verdiente, war geladen, die Gontards ließen sich die Sache etwas kosten. Man war ihnen ausgesprochen dankbar dafür. Trotzdem wurde überall erwartet, dass bei dem Fest die Stimmung schlecht sein würde. Niemand wollte an eine schöne, gar rauschende Feier glauben. Selbst die Gontards waren machtlos, wenn niemand Geschäfte machen wollte, wenn die Stimmung am Boden war.

Auch Hölderlin wurde von der niedergedrückten Stimmung erfasst. »Unsere Messe ist dißmal sehr leer«, schrieb er am 13. Oktober an den Bruder, wie wenn er am allgemeinen Klagen teilnähme. »Unsere Messe«, schrieb Hölderlin, der doch noch nie eine Messe miterlebt hatte. Er begann schon wie ein Ökonom zu denken: »Philosophie musst du studiren«, schrieb er dem Bruder weiter, »und wenn Du nicht mehr Geld hättest, als nöthig, um eine Lampe und Öl zu kaufen. Es sollte mich so herzlich freuen, einmal in Dir den Denker und Geschäfftsmann, wie es sich gehört, vereint zu sehen.«

War das Hölderlin? Denker und Geschäftsmann vereint? Und das auch noch so, »wie es sich gehört«? Er war offenbar wirklich gut integriert.

Gerade hatte Hölderlin auch an Hegel geschrieben, den später berühmten Georg Wilhelm Friedrich Hegel, er solle doch nach Frankfurt kommen. Gogel kam zu »uns«, schrieb er, und meinte damit die Gontards. Er fühlte sich zugehörig. Hölderlin berichtete Hegel, dieser Gogel habe ihm, Hölderlin, gesagt, dass es ihm lieb sein würde, wenn Hegel die Hofmeisterstelle zum Unterricht seiner beiden Buben übernähme. Gogel und Hölderlin sprachen also miteinander. Gogel war damals der bedeutendste Weinhändler nicht nur Frankfurts, sondern ganz Deutschlands, so wohlhabend wie die Gontards.

Hölderlin handhabte das, als vermittle er ein kleines Geschäft. Er schilderte dem Freund die ökonomischen Aussichten: Reisegeld, Kost und Logis frei, Friseur und Barbier frei, ein »beträchtlich« Geschenk jedes Jahr zur Messe. 400 Gulden Salär. Nicht zu vergessen: »Du wirst sehr guten Rheinwein oder französischen Wein über Tisch trinken.«

Außerdem seien die Gogels anspruchslose, unbefangene, vernünftige Menschen, gesellig, jovial, reich – trotzdem auf das Häusliche und den inneren Frieden bedacht. Da konnte auch ein Hegel nicht nein sagen. Drei Monate später, im Januar 1797, würde er die Stelle im Hause Gogel antreten.

Hölderlin, als er nun bei Gogel am Rossmarkt vorbeiging, um ihm über Hegels Interesse Mitteilung zu machen, war erstaunt. Gogel begrüßte ihn erfreut, führte ihn durch große Säle und alle Wände hingen voller Ölgemälde. Es war eine Bilderfülle, wie es sie nicht einmal in Kassel gegeben hatte! Gogels Haus war eine Schatzkammer der Kunst, bis oben voll mit gemalten Schmuckstücken.

Und das alles gehörte diesem einen Mann. Was doch im Wein alles zu finden war!

Empfang

Die Gäste, die in den Weißen Hirsch kamen, waren zahlreich. Offenbar wollte an diesem Abend niemand fehlen, eine einzige Absage war eingegangen, es war Metzler, was sich niemand erklären konnte. Auch der mit Metzler befreundete Bethmann wusste nichts dazu zu sagen. Es kamen Händler wie Gogel, Jordis und Scharff. Die Bankiers waren sämtlich anwesend, wenigstens die bedeutenden, die alteingesessenen Bankhäuser wie Goll, Neufville, Schmid und Willemer, aber auch die neu aufstrebenden Bankiers wie Harnier, Rüppell und Bethmann waren da. Letzterer war wie gewöhnlich gegenüber Madame Gontard besonders aufmerksam, er schätzte sie.

Es kamen selbstverständlich die Soemmerrings, Samuel hatte gerade sein aufsehenerregendes Buch *Über das Organ der Seele* veröffentlicht, seine Frau Margaretha Elisabeth war nach wie vor enge und schöne Freundin Susettes. Soemmerring war mit Heinse befreundet, sogar er, der ältere Dichter, war aus Aschaffenburg gekommen.

Hölderlin freute sich über Soemmerring und Heinse, vermisste aber Ebel. Der hatte im September Frankfurt verlassen. Als sie in Bad Driburg gewesen waren, war Ebel zu den Revolutionären nach Paris gegangen. Margarete hatte sich nicht einmal von ihm verabschieden können.

Auch Gontards ausgedehnte Familie war vollständig anwesend. Johann Heinrich, seine Brüder Alexander, Seidenhändler, und Johann, in Wien zum Freiherrn aufgestiegen, Jakob Friedrich, dessen Bruder Franz, die Schwestern Maria Magdalena, die den Bankier Schönemann geheiratet hatte, Helena, die den Kaufmann Manskopf geheiratet hatte, und die »Gredel« genannte Margarete, die so gerne Ebel geheiratet hätte.

Selbst mehrere Angehörige der sonst so dünkelhaften Patrizierfamilien, sowohl aus der Gesellschaft der Alt-Limpurger wie auch der Frauensteiner, die als Ratsmitglieder die Geschicke Frankfurts bestimmten, hatten sich an diesem Abend in das Haus der Gontards begeben. Insgesamt mochten es an die zweihundert Personen sein, die Elite der Stadt, die sich so versammelt hatte.

Die Gontards hatten alle Gesellschaftsräume geöffnet, sowohl die von Jakob Friedrich als auch die von Johann Heinrich, es war viel Platz im Weißen Hirsch. Diener reichten reichlich Wein, moussierend und still.

Die Szenerie war beeindruckend, die Türen zur Terrasse standen offen, Fackeln waren über den Garten verteilt. Es war Ende Oktober, doch noch nicht so kalt, dass ein kleiner Spaziergang durch die Anlage nicht verlockend gewesen wäre.

Die Stimmung jedoch war, wie erwartet, ausgesprochen gedämpft. Man diskutierte über die Aussichten Frankfurts – und man sah sie nicht gut. Zu sehr lasteten die Zahlungen von sechs Millionen Franken (plus zwei Millionen an Sachwerten) auf der Stadt, die ihr die Franzosen auferlegt hatten. Dauernd ließen die Franzosen sich neue Schikanen einfallen.

> *Frankfurter Staats-Ristretto No. 91. vom Montag,*
> *den 12. Junius 1797, Schreiben aus Brüssel vom 4. Juni*
>
> Hier haben Sie eine allgemeine Übersicht dessen, was die Franzosen seit ihrem Einmarsch in Belgien durch außerordentliche Wege aus diesem Land herausgezogen haben. Nemlich: An Brandschatzungen baar 45 Millionen; an Requisitionen von Pferden, Rindvieh, Lebensmitteln, Waaren aller Art, welche den Eigenthümern mit Assignaten al Pari bezahlt wurden, 300 Millionen, durch das gezwungene Anleihen 80 Millionen, durch die Auflage mit den Patenten 20 Millionen. An Juvelen, Silberwerk und Kostbarkeiten, welche in den Pfandhäusern und Depositen-Cassen weggenommen wurden, 80 Millionen. Durch den Verkauf der Nationaldomainen, geistlichen Güter und beweglichen und unbeweglichen Güter der Abwesenden, 600 Millionen Livres Summa 1125 Millionen. Hierunter ist nicht begriffen das Holzfällen, wodurch in unsern Wäldern mehr als 1 500 000 Stämme gehauen wurden; eben so wenig als die Einnahme der alten und neuen Auflagen. Man sieht hieraus, daß das französische Gouvernement nicht ohne Ursache einen großen Werth auf dieses Land legt.

So bedrängt war die Lage in Frankfurt nicht, trotzdem lasteten die französischen Besatzer wie ein Alp auf der Stadt. Wie sollte es da weitergehen? Diese Frage stand groß in den schönen Räumen. Wenn es einmal Frieden geben würde, wie würde der aussehen? Was konnte man jetzt tun?

Man müsse zusammenhalten. Darin waren sich alle einig. Die Entführung mehrerer Frankfurter Persönlichkeiten hatte schweren Eindruck gemacht. Die Franzosen hatten möglichst hohe Würdenträger, möglichst wohlhabende Kaufleute verschleppt, um ihren überhöhten Forderungen nach Kontribution Nachdruck zu verleihen. Vor vier Jahren hatten die Frankfurter noch gehofft, die Kontributionszahlungen von zwei Millionen durch Anleihen aus der Welt schaffen zu können. Aber die Franzosen hatten nichts davon wissen wollen. Nun verlangten sie viermal so viel. Und noch immer waren nicht alle Verschleppten zurück, obwohl die Franzosen lange aus Frankfurt abgezogen waren.

In einer Gruppe Damen, die sich mit Madame Gontard, Marie und Madame Soemmerring versammelt hatte, begann sich die steife Atmosphäre ein wenig zu lösen. Man fragte, was aus dem gutaussehenden Offizier geworden sei, den Marie vor der Flucht nach Kassel kennengelernt hatte und der sie auf der Pfingstweide belagert hatte. Man tuschelte, man lachte. Er stand immer noch im Feld, hatte sich aber nicht davon abhalten lassen, ihr zu schreiben.

Frauen

Marie hatte ihm nicht zurückgeschrieben, und so ließen sich einige Damen dazu hinreißen, eine Liebschaft Maries auf der Reise nach Kassel und Bad Driburg zu vermuten. Das wiederum veranlasste andere zu noch mehr Getuschel und Gekicher. Die Damenrunde wurde größer und lauter, bis sie wieder in kleinere Gruppen zerfiel, die sich nun alle angeregt über – echte oder eingebildete – Liebschaften zu unterhalten schienen.

Der Stimmung half das sehr, Madame Gontard war aufgekratzt, Marie aber war das Gerede nicht recht. Sie wusste immer noch nicht, was sie Rüdt, so hieß der Offizier, Major Ludwig Rüdt von Collenberg, auf seine Avancen erwidern sollte. Sie wollte mit Gontard darüber sprechen, hatte aber noch keine Gelegenheit gefunden. Jetzt rettete sie Sophie Dollfus, geborene Gontard, die Tochter von Onkel Johann Heinrich, vor zu weitgehenden Anspielungen. Sie zog Marie sanft aus der Gruppe der aufgekratzten Damen heraus und bugsierte sie hinaus in den Garten zu einem kleinen Spaziergang.

Sophie, ein Jahr jünger als Marie, galt ebenfalls als ausgesprochen gutaussehende Frau. Wie die beiden jungen Damen, schemenhaft beleuchtet von den verstreuten Fackeln, durch den Garten flanierten, müssen sie eine Augenweide gewesen sein. Das bemerkte nicht nur Hölderlin, der den Rückzug Maries genau beobachtet hatte. Auch hatte er bereits von diesem Rüdt gehört.

Die beiden Freundinnen im Garten hegten im Übrigen die zärtlichsten Gefühle füreinander. In einem anderen Zeitalter wären sie sich womöglich näher gekommen, als sie es nun ohnehin waren.

– Was ist dir, Marie? Du bist bleich.
– Ich mag den Klatsch nicht.
– Das Bleiche steht dir aber hervorragend.
– Es ist mir ernst, Sophie.
– Du liebst diesen Rüdt?
– Nein. Ich weiß nicht. Ich muss an den vergangenen Sommer und unsere Reise denken.

Sophie schaute auf.

– Es war keine Liebschaft, aber es war ein sehr eigenartiger Sommer, Sophie, bei dem wir alle die schönsten, auch die liebevollsten Gefühle hatten.
– Wovon sprichst du?
– Wir alle, Susette, Gredel, Hölderlin, der alte Heinse, als er dazugekommen war, auch ich. Sogar Susanna Maria, die Schwiegermutter, schien verliebt.

Wieder machte Sophie eine Pause. Erst als sie in einen dunklen Weg zwischen zwei hohen Hecken eingebogen waren, sagte sie mit einem tiefen Seufzer:

– Ich gönne dir diesen Sommer von Herzen, Liebes. Aber du musst an die Zukunft denken. Du kannst doch nicht ewig Liebe spielen, du kannst doch nicht ewig hier bleiben.

Hölderlin, der den beiden Damen nachgesehen hatte, wandte sich ins Haus. Dort waren die Gespräche, wie an einem solchen Tage zu erwarten, allgemein politischer Natur.

Männer

– Wir müssen diesen Krieg beenden.
Es war Gontard. Er gab sich, anders als die kichernden Frauen aus seinem Hause, betont ruhig und sachlich.

Er hatte das Wort an Simon Moritz Bethmann gerichtet, den so sagenhaft reichen Bethmann, den reichsten Bürger Frankfurts, den vornehmen Verehrer von Gontards Frau Susette.

– Wissen Sie, mein werter Gontard, ich sehe die Dinge so: Ohne den Krieg gäbe es nicht diese Bankgeschäfte. Wir leben vom Krieg. Man könnte Saatgut vorfinanzieren, selbstverständlich, den Bau von Palästen, ja, Handel aus Übersee.

Mit einem kurzen Blick in die gesamte Runde fuhr er fort.

– Man kann auch das Kommissionsgeschäft weiter ausbauen, aber das große Geschäft ist das nicht. Der Krieg ermöglicht uns diese riskanten, aber auch ertragreichen Bankgeschäfte. Diese Geschäfte werden uns auch ermöglichen, die Kontributionen zu zahlen. Was die französische Revolution angeht, was ist sie aus unserer Sicht anderes als eine neue Möglichkeit, Kriege zu führen, noch größere Kriege, mit noch mehr Soldaten, die ausgerüstet werden müssen? Ohne Krieg keine großen Geschäfte. Ich sage ihnen, es wird sich alles geben. Wir müssen nur mitspielen.

– Ohne Bankiers aber hätten wir vielleicht auch nicht diese Kriege, sagte Gontard.

– Wie meinen Sie das?

Gontard überlegte, wie weit er gehen wollte.

- Es gibt Bankiers, die finanzieren den Krieg, weil er da ist. Und es gibt Finanziers, die wollen den Krieg, weil sie neue Möglichkeiten für das Geld suchen.

Bethmann wusste, dass Gontard Recht hatte, und sagte:
- Schauen Sie sich doch diese Franzosen an, die Generäle, Custine, Kléber, Jourdan, Moreau, sie haben das Kriegführen im Blut. Es stimmt, sie haben uns Unglück gebracht. Aber sie haben sich hier in Frankfurt zu unserem Glück auch ausgesprochen dumm angestellt, als sie die Bevölkerung von der Revolution überzeugen wollten. Und am Ende ist alles halb so schlimm.
- Sie hätten kein Geld von der Bevölkerung erpressen sollen, wenn sie sich mit ihr verbünden wollen.

Das war der kleine Scharff, das Banken-Urgestein, der Mann, der Gontard im Foyer mit »Cobus« angeredet hatte. Mittlerweile hatte sich eine Gruppe von Zuhörern um Gontard und Bethmann versammelt.

An anderen Stellen wurde anders diskutiert, überall aber sprach man über die Franzosen, die Zahlungen, die Zukunft und das Geld. Bethmann fuhr fort:
- Krieg führen, das können sie, die Franzosen. Sie wissen, wie man einen Krieg am Leben hält. Dieser Bonaparte in Italien scheint ja ein wahres Genie des Krieges zu sein.
- Sie scheinen mehr für die Franzosen zu sein als für die Frankfurter, Bethmann.

Wieder war Scharff der Zwischenrufer. Bethmann ließ sich nicht aus der Ruhe bringen und wandte sich direkt an Gontard.
- Ich denke genauso wie Sie an den Nutzen und das Gedeihen unserer Stadt, Gontard. Aber wir müssen verstehen, was in unserer Zeit vor sich geht. Geld ist kein einfaches Geschäft mehr. Es ist nicht mehr nur zum Kaufen und Verkaufen da. Geld sucht sich seine Wege. Und wie sich nun durch die Franzosen zeigt, Geld ist Antrieb des Krieges geworden. Auch der Krieg ist ein Weg des Geldes. Wir sollten

nicht mehr unter dem Krieg leiden, wir sollten zu seinen Gewinnern gehören. Also müssen wir unser Geld dazu verwenden, um auf unsere Weise zu kämpfen.

Geld

War Hölderlin, wenn er dabei gestanden und zugehört hatte, beeindruckt? Dieser Bethmann hatte einen visionären Geist.

Bethmann war tatsächlich sehr geschäftstüchtig und erkannte die Zeichen der Zeit. So arbeitete er daran, nicht nur ein europäisches Finanz-, sondern auch Nachrichtensystem aufzubauen. Deswegen wusste er gut Bescheid über die Entwicklung in Norditalien, über Bonapartes erstaunliche Erfolge. Er wusste genau, wie er die österreichischen und piemontesischen Truppen in der Schlacht bei Lodi vorgeführt hatte. Bethmann begab Anleihen für Preußen und vor allem für Österreich, aber es war auch deutlich, er bewunderte Bonaparte. Als erster Frankfurter Bankier hatte er begriffen, welche überragende Bedeutung Informationen hatten. Er erkannte, dass der Wert von Informationen weniger von ihrem Inhalt als von ihrer Neuigkeit abhängt. Die Neuigkeit sichert die Exklusivität, mit der Exklusivität aber steht und fällt der Wert der Nachricht.

Wieder war es Gontard, der Bethmann antwortete. Ihm war das alles zu spekulativ, zu kalt, zu menschenverachtend.

– Und was heißt das nun? Der Krieg ist nicht vorbei. Wer weiß, was noch kommt. Frankreich diktiert uns Zahlungen, die unsere Möglichkeiten übersteigen. Sie pressen uns aus, sie erdrücken uns. Weder Österreich noch Preußen und schon gar nicht unsere Landgrafen können uns schützen. Wir müssen alleine klarkommen.

Bethmann verstand, dass es jetzt darauf ankam.

– Ja, aber auch hier müssen wir auf das Geld hören. Wir müssen das Geld verstehen, Gontard.

- Und was heißt das konkret?
- Die Französische Revolution lähmte die Kapitalmärkte, jetzt hat der Krieg die Märkte gelähmt. Aber sie werden wieder zu blühen beginnen und zwar umso mehr – und darauf müssen wir vorbereitet sein.

Bethmann redete sich in eine gewisse Begeisterung.
- Vor dem Krieg war der Zins bei drei Prozent, inzwischen ist er bei fünf. Es geht uns allen doch ums Geld. Also müssen wir seine Gesetze und seine Wege begreifen. Dann werden wir in Frankfurt etwas davon haben und gut leben können. Dann werden wir auch diese verfluchten Kontributionen zahlen können.

Da rief jemand aus der Menge, mittlerweile hatten sich viele Gäste um Bethmann und Gontard versammelt:
- Sie scheinen an das Geld wie an einen neuen Gott zu glauben, Bethmann. Meinen Sie nicht, dass Sie etwas weit gehen?
- Nein, das glaube ich nicht, sagte Bethmann überraschend klar und laut. Geld ist objektiv, wer sich dem Geld verschreibt, versucht ebenfalls objektiv zu sein. Ich versuche uns zu helfen.

Hölderlin hörte zu, Bethmann fuhr fort.
- Wer sich nach dem Geld richtet, der versucht die Welt nicht nach seinem Ansehen einzurichten, nach seinen Vorstellungen zu ordnen, sondern er versucht, die Dinge objektiver zu betrachten, wie einen objektiven, absoluten Geist. Das Geld weiß besser als wir, was Gewinn verspricht und was nicht.

Gontard verstand, dass Bethmann sehr weit gegangen war, und sagte:
- So lasst uns doch alle gemeinsam daran arbeiten, dass wir dieses Geld verdienen. Lasst uns das Geld für diese Kontributionen verdienen. Lasst es jeden auf seine Weise machen, dann wird es schon gut werden.

Er wusste, dass er das Gespräch beenden musste, sonst würden die Erregungen immer höherschlagen und den Abend sprengen. Es lag Empörung in der Luft. Dafür aber hatte er nicht geladen. Er ahnte, dass Bethmanns Ansichten eine gewisse Berechtigung hatten, dass Bethmann ihm einen Schritt voraus war. Trotzdem wollte er einen Widerwillen nicht unterdrücken: Am Ende ging es doch immer noch um Waren und die Menschen, die diese Waren brauchten und verbrauchten.

– Am Ende sind wir doch nichts als Kreditvermittler!

Dieser Satz war ihm herausgerutscht, sein Jähzorn hatte ihn übermannt, es war eine Provokation.

Zum Glück schaltete sich Gogel ein, der alte Freund, der Weinhändler.

– Auch ich habe Geld mit Kriegslieferungen verdient. Wie Sie alle wissen, ist es viel Geld, gutes Geld. Jeder weiß, Soldaten brauchen Getränke. Ich habe, fast wie eine Bank, auch Geld für die Franzosen aufbewahrt. Aber nun beginnt doch die eigentliche Arbeit. Wir müssen an den Frieden denken, auf Dauer kann Krieg nicht sein. Wir müssen anfangen, den Schutt wegzuräumen, den uns dieser Krieg hinterlässt.

Vielleicht sah mancher die Judengasse vor sich.

Gontard dachte etwas ganz anderes, das er aber nicht aussprach. Alle sprachen von den Franzosen, er aber sah die Zukunft nicht bei den Franzosen, er sah die Zukunft in England. Die Engländer hatten die stärkere Wirtschaft, sie hatten die stärkeren Banken. Sie allein hatten die Kraft, den Krieg mit Frankreich zu führen und zu gewinnen. Sie schienen über die meisten Geldmittel zu verfügen. Der Handel mit englischen Waren, die aus der ganzen Welt nach Europa kamen, das war die Zukunft.

Selbst die Franzosen kaufen mir doch jetzt schon fast alles ab, was ich aus England auf den Kontinent bringen kann, dachte Gontard. Nicht nur Tuch, Gewürze, Kaffee, einfach alles. Umgekehrt läuft es nicht so gut.

– Nur den Wein, sagte er nun laut, den werden die Engländer immer von den Franzosen bekommen müssen. Nicht wahr, mein lieber Gogel?

Wie wohl die Zukunft des Handels, der Börse, des Geldes aussehen würden? Niemand konnte es sagen.

Frauen II

Am anderen Ende des Gartens, weit entfernt von Marie und Sophie, ging Frau Gontard mit ihrer Freundin Margaretha Soemmerring.

Madame war ausgesprochen reizend an diesem Abend. Sie trug ein weißes Atlas-Unterkleid, darüber ein schwarzes Tüllkleid mit kurzen Ärmeln, einen kleinen Krepphut mit einer Feder und, etwas kokett, keinerlei Schmuck. Ihre bloßen Arme, ihr Hals, ihr Dekolleté und ihr Gesicht strahlten weiß, von der Schönheit vollkommener Blässe.

Auch hier sprach man über den vergangenen Sommer, die Gefühle waren zärtlich, und Madame Gontards Seele, tief und stumm wie der dunkle Main, der ein paar gute Meter weiter langsam Richtung Rhein und Frankreich floss, wollte sich aussprechen.

– Er freut sich so, sagte sie über Gontard. Er freut sich so über diesen Empfang, über die Geschäfte, wenn sie denn gehen, die Kinder, wenn sie folgsam sind, das ganze Haus. Manchmal ist er etwas schwierig, manchmal etwas cholerisch, aber er ist ein guter Mann, unser Cobus. Er liebt die Familie. Er sorgt sich um alle.

– Was wird mit Marie, Susette?

Margaretha Soemmerring fragte sehr unvermittelt. Madame Gontard seufzte.

– Ich weiß nicht, dieser Collenberg, ob das das Richtige ist. Cobus sagt ja, er habe Gutes gehört, aber ich weiß es nicht.

- Kennst du ihn?
- Er ist zuvorkommend, hat Manieren, er hat offenbar Geld. Er sieht gut aus, ein stattlicher, liebenswerter Mann. Aber letztendlich ist er ein Provinzler und auch etwas ungebildet.

Margaretha schwieg, und Madame Gontard gab sich einen Ruck.
- Immer hatte sie Augen für Hölderlin gehabt, auf unserer Reise. Das würde passen. Er sieht doch auch besser aus. Und er schreibt so schöne Verse. Wir hatten eine gute Zeit zusammen, auf unserer Reise.

Sie blieben kurz stehen. Margaretha war sich nicht sicher, ob sie Madame Gontard richtig verstanden hatte.
- Was ist dieser Hölderlin für ein Mensch?
- Es ist der schönste Geist, den ich kenne. Ein Träumer, ein Spieler, ein Dichter. Der Mann ist so, wie er aussieht, die reine Poesie.

Sie gingen weiter.

Nacht und Tag

Es wurde eine lange Nacht im Weißen Hirsch. Viele Gäste gingen erst sehr spät zu Bett, aus dem Empfang war ein Fest geworden, das erst beim Morgengrauen endete. Auch Gontard blieb lange wach, alles andere als typisch für ihn. Seine Frau, auch Marie und Sophie, Margarethe und all die anderen Frauen aus seinem Umkreis, schliefen da bereits.

Madame Gontard, sagt man, sei eine lebhafte Träumerin gewesen. Zu dieser Zeit, es war der 20. November, wollte Hölderlin nichts so sehr, als in Frankfurt bleiben. Er fühlte sich wohler denn je. Seine Arbeit als Dichter ging voran, er fühlte sich beim Schreiben sicher und sicherer, der erste Teil des *Hyperion* ging an Cotta. Dem Gesellschaftsleben, das er im Hause Gontard miterlebte, fühlte er sich zugehörig. Es war aber nicht zu viel, um ihn vom Dichten abzulenken. Ausdehnung und Konzentration, so nannte Hölderlin das rechte Maß, waren für ihn im Gleichgewicht.

Er regelte an diesem 20. November seine Angelegenheiten, schrieb einen Brief an Hegel, dem er von der endgültigen Zusage durch Gogel berichten konnte, schrieb an die Mutter, der er erstmals von seiner Arbeit als Dichter berichtete, fasste endlich den Mut, an Schiller zu schreiben, und er schrieb an seinen Bruder.

Marie war vergnügt wie eh und je. Auch wenn die Überlegung, ob sie sich nun Rüdt zuwenden sollte, immer noch auf ihr lastete. Madame Gontard dagegen erschien ihm weiterhin wie ein ferner Zauber. Gontard war offen und freundlich, Henry lernte weiterhin gut. Hölderlin fühlte sich aller Sorgen ledig. Sein Freund Hegel würde nach Frankfurt kommen, Sinclair freute sich schon mit ihm.

Nun wollte er auch seinen Bruder hierher holen. Die Stadt würde auch ihm zum Vorteil sein.

Im Dezember kam Rüdt auf Besuch ins Haus Gontard, er brannte wirklich für Marie. Im Hause bemühte man sich allseits um ihn, Gontard machte deutlich, dass er die Verbindung gutheißen würde. Marie hatte eigentlich schon keine Wahl mehr, es blieb nur die Frage, was ihre und seine Familie sagen würden. Hölderlin sah das deutlich, er gönnte Marie diesen Schritt, auch wenn er Rüdt, der gutaussehend, vornehm und verliebt war, trotzdem nicht als die passende Partie für Marie ansah. Der Mann war ein schneidiger Soldat – aber er war, so fand Hölderlin, auch etwas nichtssagend.

Die tiefe Madame Gontard mit dem schwarzen Haar und den dunklen Augen erschien Hölderlin immer interessanter. Er ist so glücklich, hatte sie vor einigen Tagen über ihren Mann, Jakob Gontard, gesagt. Das hatte schön geklungen, es hatte sich für Hölderlin so angehört, als würde sie sich aufrichtig für ihn freuen. Aber es hatte nicht so geklungen, als hätte es viel mit ihr selbst zu tun.

Der Brief an Schiller, den zu schreiben Hölderlin sich an diesem Tag imstande sah, erbat die Manuskripte seiner »unglücklichen Verse« mit einem Anflug von Bitternis zurück. Schiller hatte sie nicht in seinem *Musen-Almanach* veröffentlicht, Verse, die Hölderlin schön und gelungen fand. Er fand dabei gegenüber Schiller genau jenen Ton der Ehrerbietung und Verehrung und einer etwas reservierten Zurücknahme dieses Gefühls, der ihm deutlich, aber nicht verletzend, der ihm angemessen erschien. Er ging so weit, Schiller zu fragen, ob er etwa seine Meinung ihm gegenüber geändert, ob er ihn aufgegeben habe. Noch vor ein paar Monaten wäre ihm eine solche Kühnheit vollkommen undenkbar gewesen.

An die Mutter schrieb er, immer noch am 20. November, dass er eine Stelle an der Nürtinger Lateinschule für sich nicht in Erwägung ziehe. Seine Lage in Frankfurt sei sehr glücklich. Nicht den zehnten Teil der Freundschaft, die er hier erfahre, könne er vergelten, er könne seinen hoffnungsvollen Zögling nicht zurücklassen, das Kind sei von Natur aus gemacht wie er selbst, seine eigene Gesundheit sei in allerbestem Gleichgewicht. Er sei völlig hergestellt. Und außerdem, hier in Frankfurt könne er, ganz nach seinem Bedürfnis, arbeiten, schreiben, dichten.

Ja, er dichte! Was, so schien Hölderlin die Mutter zu fragen, will ich eigentlich mehr?

Gontard und Hölderlin

Das Verhältnis von Gontard und Hölderlin, nehmen wir an, war nie besser als zu dieser Zeit. Möglicherweise blitzte für Momente etwas wie Freundschaft auf, die niedergedrückte Stimmung in der Stadt bedeutete für beide einen Anreiz, dagegen anzugehen, beide glaubten sie eher an das Solide als das Spekulative. Sie ergänzten sich gut. Der Dichter mit den hochfahrenden Gedanken und der Bankier, dem das Leben in der Stadt so wichtig war.

Gontard war sich selbst immer etwas hölzern vorgekommen, er konnte wie viele Männer der Zeit auf seine Frau nicht so zugehen, wie er es sich gewünscht hätte. Er konnte ihr den Hof machen, er konnte galant sein, das hatte er gelernt, aber er konnte ihr nur schwer vermitteln, was sie für ihn bedeutete. Vielleicht würde sein Sohn es da einmal leichter haben, und er würde eine glücklichere Figur machen, vielleicht würde er dank dieser Poesie besser mit den Frauen umgehen können. Vielleicht würde er sie sogar verstehen. Susette und Marie, so schien ihm, fühlten sich von Hölderlin verstanden.

Und er hatte interessante Freunde. Dieser Schelling, der einmal dagewesen war, scheint jetzt Furore zu machen, und dieser Hegel scheint ein ernstzunehmender Kopf zu sein. Gogel glaubt an ihn. Sogar Soemmerring interessiert sich für Hölderlin, wo er selbst doch gerade solchen Erfolg hat. Es ist etwas Besonderes um meinen Hofmeister, dachte Gontard voll Stolz.

Kapitel 5

Anfang 1797 bis April 1797

Handel

Unsere Erzählung geht davon aus, dass Gontard und Hölderlin mehr als ein reserviertes Verhältnis hatten. Man weiß, dass sie zusammen in das Frankfurter Theater gingen, man weiß, dass Geschäftsleute dort über Geschäfte sprachen. Man weiß, dass im Hause Gontard Empfänge gegeben wurden, bei denen ebenfalls über Geschäfte gesprochen wurde. Man kann davon ausgehen, dass Hölderlin etwas von diesen Gesprächen mitbekam. Man weiß, dass Gontard mit Hölderlin zufrieden war, man weiß, dass Gontard und Hölderlin etwa zwei Jahre lang ein gutes Verhältnis hatten. Man weiß, dass sich Hölderlin gut integriert in die Familie und ihr Umfeld fühlte. Man kann mit hoher Wahrscheinlichkeit annehmen, dass Gontard seinen Erzieher nicht dumm dastehen lassen wollte, wenn es in den Gesprächen um Geschäfte ging. Die Idee, dass Gontard Hölderlin einmal in die Börse und das Geschäftshaus der Familie in der Neuen Kräme mitnahm, liegt nicht fern.

Meist vermittelten oder spedierten die Gontards Waren zwischen England und Frankreich über Deutschland oder Holland. Wegen der französischen Handelssperren war das schwierig und riskant, das Haus Gontard profitierte hier von traditionell guten Verbindungen sowohl nach England als auch nach Frankreich.

Beim Kommissionshandel geht es seit jeher darum, die richtige Ware zum richtigen Zeitpunkt in der richtigen Qualität am richtigen Ort zu haben. Es war leicht, einen Kommissionshandel abzuschließen, schwer allerdings, das Geschäft auszuführen. Und noch schwerer war es, für das Geschäft wie vereinbart bezahlt zu werden. So sagte man damals. Man musste verlässliche Verbindungen in die unterschiedlichsten Länder haben, man musste diese Verbindungen über große Entfernung aufrechterhalten können.

Manche verlegten sich deswegen lieber auf das Bankgeschäft oder den Effektenhandel, nicht so die Gontards. Darauf war Cobus stolz. Er liebte sein Geschäft, seine Fähigkeiten, er liebte das Netzwerk der Firma, die Beständigkeit des Handels. Gontard war ein Freund der Sicherheit und der Verlässlichkeit. Die Zeiten waren eigentlich nicht danach – die Gontards aber behaupteten sich.

Im Zentrum der Geschäfte stand England. England importierte Waren aus der gesamten Welt. Die Engländer waren fast überall. Sie handelten mit allem, wirklich allem, was man sich denken kann: Es war der Reichtum der Kolonien, der nach Europa geleitet wurde. Sie holten die Waren aus der Ferne und verkauften sie weiter. Der Transport barg ein gewisses Risiko, aber eigentlich war es ein sicheres Geschäft. Die Kosten für die Güter selbst waren minimal, vor allem der Transport über die Meere kostete. England würde mit diesem Modell auf Jahrzehnte im Welthandel beherrschend bleiben, niemand würde dagegen ankommen. Auch die Franzosen nicht.

Alle Gedanken richteten sich im Haus in der Neuen Kräme auf den Handel, das Gelingen, den Gewinn. Alle (außer Onkel Johann Heinrich) waren angespannt. Am Ende ging es um Geld und nur um Geld. War das schön und anregend, belebend und groß? Oder war es so, dass sich hier freie Menschen zum Sklaven eines Geschäfts machten?

Frankfurter Staats-Ristretto No. 51 vom 30. März 1797:

Donnerstags den 30. März vormittags um 9 Uhr wird im Saal des Braunfels auf dem Liebfrauenberg eine beträchtliche Anzahl in dem neusten Gout mit Gold und Seide gestickte seidene Linon und mousseline Damenskleider,

> desgleichen mit gedruckte und gestickte farbige Bordures, Linon brodierte Halstücher und Schürzen, seidene und mousseline Chals, türkische gedruckte ditto, seidene Strümpfe, mouselinet gestickte Westen, feine und ostindische Mouselin, ditto gedruckte Mouselin, Linon, Batist, schwarze Spitzen u. dgl. an den meistbietenden öffentlich verkauft und losgeschlagen werden.

Die Frankfurter Börse befand sich nur ein paar Meter weiter im Haus Braunfels auf dem Liebfrauenberg. Es war ein großes Haus im Zentrum der Stadt. Die Börse war hier seit bald hundert Jahren, manchmal fand der Handel immer noch im Innenhof statt, im Freien also. Hinter der umlaufenden Balustrade und den umgebenden Fenstern waren verschiedene Handels-Bureaus untergebracht.

Gontard, einer der am höchsten geachteten Frankfurter Kaufleute, wurde hier sicher nur mit beiläufigem Ruf oder einem Blick willkommen geheißen. Man hielt sich nicht mit Formalitäten auf, man gab sich betont sachlich. Punkt zwölf begann das Geschäft mit einem Klingeln, eine Stunde sollte es dauern. Aber es wollte nicht recht in Gang kommen. Es gab nichts, was gehandelt werden wollte. Ob es an der Kälte lag? Aber so kalt war es gar nicht. Ein paar Obligationen standen zum Verkauf, von verschiedensten Anleihen, Preußen, Österreich, Sachsen, Dänemark. Ein paar wurden tatsächlich erworben, aber das war nicht der Rede wert. Neue Anleihen, die hätten ausgegeben werden können, waren nicht in Sicht. Das Geschäft lahmte immer noch bedenklich.

Jemand rief laut, dass er eine schöne Seidenlieferung zum Verkauf anbieten könne, die in drei Wochen aus England ankommen werde. Er wurde sie nicht los. Auch für bereits angekommene fremdländische Kostbarkeiten, Perlen, Elfenbein und Schildkrötenpanzer, wollte sich niemand interessieren.

– Bis morgen, Börsenschluss, gilt das Angebot. Danach kann ich für nichts garantieren, rief der Händler mit Verzweiflung in der Stimme.

– Diese Woche kommt eine neue Lieferung von Gewürzen in Helgoland an, schon heute kann man sie kaufen!

Solche Rufe schallten über den Hof. Aber kaum jemand reagierte.

Trotzdem hatte die Händler Aufregung ergriffen, die Lust am Handel, am Verkauf, am Gewinn. Die Köpfe wurden rot, die Schritte geschwind, die Rufe hektisch. Es war wie ein Fieber, das nur beruhigt werden konnte, wenn die Sache in Bewegung kam, wenn Dinge, deren Existenz durch ein Stück Papier beglaubigt wurde, den Besitzer wechselten, wenn gekauft und verkauft wurde, wenn das Geld zu kreisen begann. Vor allem aber, wenn sie alle an diesem machtvollen Rad mitdrehen konnten.

Nichts geschah an diesem Börsenmittag in Frankfurt. Es war wie eine Krankheit. Es war das dumpfe Gefühl einer ins Leere verpufften Erregung und Energie. Auch kurz vor Börsenschluss, wenn die Geschäfte gemeinhin noch einmal etwas anzogen, regte sich nichts.

– Niemand vom Bethmann ist da, niemand vom Metzler, niemand vom Harnier. Und Gontard kauft auch nichts.

So wurde gesprochen. Es mischten sich Enttäuschung, Niedergeschlagenheit, vielleicht auch Wut, Neid, unterdrückte Gier, wer weiß.

Der nicht endende Krieg mit den Franzosen, die Handelsschranken, solche Unsicherheiten waren – damals wie heute – Gift für Handel und Börse. Nach Börsenschluss um dreizehn Uhr stand man beieinander und versuchte, sich gegenseitig das Missgeschick zu erklären und sich zu beruhigen.

Was man auch erworben hätte, man hätte immer das Gefühl gehabt, es sei eine Katze im Sack. Wer konnte denn schon wissen, was die Dinge morgen wert sein würden? Und genau darum ging es hier. Aber auch das, diese Art von Erklärung, schien die versammelten Händler schon wieder zu langweilen und zu beunruhigen. Es musste einfach etwas passieren.

Merkwürdig bleibt, dass in Frankfurt damals und noch für lange Zeit niemand auf die Idee kam, Aktien einzuführen. Erst Jahrzehnte später begannen hier Aktien den Parketthandel zu bestimmen, obwohl es sie an anderer Stelle – Amsterdam, London – bereits gab.

Hegel (Liebe)

»Mir geht es gut. Du wirst mich weniger im revolutionären Zustand finden, wenn Du mich wieder siehst; ich bin auch sehr gesund.« So hatte Hölderlin dem Bruder Ende letzten Jahres geschrieben.

Sein revolutionärer Freund Ebel war immer noch in Paris, den revolutionären Freund Sinclair besuchte er regelmäßig in Bad Homburg und diskutierte politische Fragen, und der revolutionäre Freund Hegel war nun nach Frankfurt gekommen. Hölderlin selbst aber war inzwischen weniger geneigt zur Revolution.

Der alte Freund Hegel war nun wirklich da, die beiden konnten beieinandersitzen und sprechen, so viel sie wollten. Es war wunderbar. Gemeinsame Nachmittage und Abende erinnerten sie an die Studienzeit im Tübinger Stift, wo sie über alles und jeden diskutiert hatten. Später war Schelling dazugekommen. Auch jetzt redeten sie über Politik, über die Frankfurter, über Gesellschaft, über Geschäfte, über Liebe, über Religion. Sie philosophierten ausgiebig. Aber im Gegensatz zu früher war es Hegel, der den Ton vorgab. Hölderlin war zurückhaltender, Hegel seiner selbst sicherer geworden.

Hegel zeigte Hölderlin sein Gedicht »Eleusis«, das er für ihn geschrieben hatte.

Um mich, in mir wohnt Ruhe, – der geschäft'gen Menschen
Nie müde Sorge schläft, sie geben Freiheit
Und Muse mir – Dank dir, du meine
Befreierin, o Nacht!

Es war ein Moment von Intimität, von Freundschaft und gemeinsamer Freude. Hölderlin war sehr berührt. Es war ein schönes, umfangreiches Gedicht, und er, Hölderlin, hatte den Freund, der doch eigentlich nur philosophieren konnte, dazu inspiriert.

So war es kein Zufall, dass sie nun über Liebe sprachen. Hölderlin war ums Herz ganz weich. Er sagte jetzt, nachdem Hegel ihm auf solch schöne Weise seine Liebe gezeigt hatte:

– Die Liebe ist doch das Leben.

Das aber war für Hegel, der doch gerade noch etwas ganz anderes hatte sagen wollen, wie ein Startschuss. Der Philosoph, der eben doch kein Dichter war, sondern ein Entwickler von Gedanken, setzte fast im gleichen Moment an zu einem Monolog über die Liebe, der eigentlich etwas unpassend, gleichwohl beeindruckend war.

– Wahre Vereinigung, eigentliche Liebe findet nur unter Lebendigen statt, hob Hegel an. Lebendigen, die sich an Macht gleich sind, die ebenbürtig sind, und also durchaus für einander Lebendige, von keiner Seite, wie man es auch betrachtet, gegeneinander Tote.

Es sprudelte aus ihm hervor. Es schien nicht, als hätte er darüber nachdenken müssen. Nur Lebendige können Gleiche sein, nur Gleiche können wahrhaft Liebende sein. Es war einfach da, was er sagte, nebenbei war es auch noch ein Aufruf zur Revolution, das spürten beide in diesem Moment, genauso wie sie dachten, dass er, Hegel, doch immer der wortmächtigste unter den Freunden gewesen war.

So fuhr er mit noch größerem Schwunge fort.

– Die Liebe schließt alle Entgegensetzung aus, sie ist nicht Verstand, dessen Beziehungen das Mannigfaltige immer als Mannigfaltiges lassen und dessen Einheit selbst Entgegensetzungen sind; sie ist nicht Vernunft, die ihr Bestimmen dem Bestimmten schlechthin entgegensetzt; sie ist nicht Begrenzendes, nichts Begrenztes, nichts Endliches; sie ist ein Gefühl, aber nicht ein einzelnes Gefühl; aus dem einzelnen Gefühl, weil es nur ein Teilleben, nicht das ganze Leben ist, drängt sich das Leben durch Auflösung zur Zerstreuung in der Mannigfaltigkeit der Gefühle und um sich in diesem Ganzen der Mannigfaltigkeit zu finden; in der Liebe ist dies Ganze nicht als Summe vieler Besonderer, Getrennter enthalten; in ihr findet sich das Leben selbst, als eine Verdoppelung seiner selbst, und eine Einigkeit derselben; das Leben hat, von der unentwickelten Einigkeit aus, durch die Bildung den Kreis zu einer vollendeten Einigkeit durchlaufen, der unentwickelten Einigkeit stand die Möglichkeit der Trennung und die Welt gegenüber; in die Entwicklung produzierte die Reflexion immer mehr Entgegengesetztes, das im befriedigten Triebe vereinigt wurde, bis sie das Ganze des Menschen selbst ihm entgegensetzte, bis die Liebe die Reflexion in völliger Objektlosigkeit aufhebt, dem Entgegengesetzten allen Charakter eines Fremden raubt und das Leben sich selbst ohne weiteren Mangel findet.

– Punkt, sagte Hölderlin und war dann stumm.

Es schien ihm, als hätte Hegel nicht ein einziges Mal Luft holen müssen. Er hatte einfach mal so ein gesamtes System der Liebe deduziert. Hölderlin war gegenüber seinem Freund wieder einmal voller Bewunderung. Dieser außerordentliche Kopf konnte doch alles in eine Ordnung bringen.

Er liebte die Verstandesmenschen, weil man sich so gut bei ihnen orientieren konnte. Aber es war auch immer das gleiche mit diesem Hegel, während man ihm zuhörte, meinte man alles, wirklich alles verstanden zu haben. Danach aber konnte man es nicht einmal im Ansatz wiederholen. Hegel sprach weiter.

– In der Liebe ist das Getrennte noch, aber nicht mehr als Getrenntes, sondern als Einiges.

Bei diesen Worten Hegels geschah etwas Merkwürdiges. Hölderlin hörte nicht mehr die Worte, er spürte etwas.

– Und das Lebendige fühlt das Lebendige.

Hölderlin sah nun Marie und Madame Gontard vor sich, vielleicht auch noch eine andere Frau, Diotima, wer weiß das schon. Er sah Diotima in ihren zarten Zügen, ihrer schimmernden Haut, ihrem glänzenden Haar und ihren strahlenden Augen.

Er sah ihre Züge, und er dachte, dass es wohl die Züge einer Griechin sind.

So saß Hölderlin stumm da, Hegel sprach immer noch.

– Fritz, was ist dir?

Hegel rief jetzt mit lauter Stimme. Da sagte Hölderlin, und es war, als redete er in Trance:

– Hegel, rede mir nicht von der Liebe! Rede mir einmal über Geld.

Da war sogar Hegel sprachlos, er sagte nichts. Was nur war mit diesem Hölderlin los?

– Hegel, bitte, rede mir über das Geld, wie du über die Liebe redest.

Aber Hegel sagte nichts. War er konsterniert? Hatte Hölderlin ihn aus der Fassung gebracht? Oder wusste er, der sich doch einfach überall auskannte, und über noch mehr etwas zu sagen wusste, über Geld nichts zu sagen?

Hölderlin musste selbst über das Geld nachdenken. Es lag etwas in diesem Thema, worüber niemand etwas zu sagen wusste.

Diotima

Gedichte über das Geld, das war nun wirklich unmöglich. Wie hätte das gehen sollen?

Hölderlin schrieb in Wirklichkeit einen Hymnus an den Äther, der von Anfang an alles durchdringt, den Äther, der heiligen Atem in eine jede Brust senkt, der alle irdischen Wesen nährt, die ihn deswegen lieben, die zu ihm streben, die sich alle nach ihm drängen. Der Äther ist es, der einem Leben gibt.

Auch an Diotima, die angebetete Frau in seinem *Hyperion*, schrieb er ein Gedicht nach dem anderen.

Aber, wie in zarten Zweigen,
Liebend oft von mir belauscht,
Traulich durch der Haine Schweigen
Mir ein Gott vorüberrauscht,
So umfängt ihr himmlisch Wesen
Auch im Kinderspiele mich,
Und in süßem Zauber lösen
Freudig meine Bande sich.

Er konnte es gar nicht mehr lassen, diese Diotima anzubeten, anzuschreiben und anzudichten.

Diotima! Selig Wesen!
Herrliche, durch die mein Geist,
Von des Lebens Angst genesen,
Götterjugend sich verheißt!

Sowohl wenn er sich seinen Roman vornahm, als auch wenn er Gedichte schrieb, Diotima, die ferne Frau, stand immer vor ihm. Alles, alles, war an sie gerichtet. Sie zog die Worte förmlich aus ihm hervor.

Diotima! edles Leben!
Schwester, heilig mir verwandt!

Es wollte kein Ende nehmen. Manches Mal sah nun Hölderlin zu Susette Gontard hinüber und konnte nicht glauben, dass ihm das bisher nicht deutlicher gewesen war. Sie hatte doch rein griechische Züge. Ihr Gesicht war anders, ganz anders als Maries Madonnenkopf. Was nur hatte er vor Augen gehabt, als er dem lieben Neuffer noch vor ein paar Tagen so begeistert von seiner Angebeteten geschrieben hatte? Hölderlin wusste es selbst nicht genau. Er verehrte, so gut er konnte, und der Gesang, der ihm dabei entstand, war doch einer jeden holden und schönen Frau würdig. Und Diotima steckte in jeder Frau. Was wollte er mehr? Er liebte, wie er noch nie geliebt hatte.

Im März dann, bei den ersten Anzeichen des Frühlings, bekamen Hölderlins euphorische Liebesgefühle einen Dämpfer, seine zart austarierte Gontard-Welt wurde schwer erschüttert. Maries Heirat mit Ludwig Rüdt zu Collenberg, dem Soldaten vom vergangenen Sommer, nahm Formen an. Die Familien stimmten der Heirat zu, ein Termin im kommenden Sommer wurde festgesetzt.

Damit änderte sich die Atmosphäre im Hause Gontard. Allen stand mit einem Male vor Augen, wie leer es ohne Marie sein würde. Alle wurden von einer schwebenden Trauer ergriffen. Insbesondere Marie, Susette, Gredel und Hölderlin begriffen, dass die schöne Zeit vorbei war, dass die schönste Zeit der Sommer in Kassel und Driburg gewesen war. Marie selbst schien noch am wenigsten von Wehmut angegriffen. Aber auch sie spürte den Abschied, der noch nicht da war, der aber doch unweigerlich kommen würde, wie einen Schatten.

Hölderlin dichtete weniger. Wenn er schrieb, so hatte er aber weniger Zweifel, es schien ihm nun, als gelinge ihm das Gedicht.

Treu und freundlich, wie du, erzog der Götter
                            und Menschen
Keiner, o Vater Aether! mich auf; noch ehe die Mutter
In die Arme mich nahm, und ihre Brüste mich tränkten,
Faßtest du zärtlich mich an und gossest himmlischen
                            Trank mir,
Mir den heiligen Othem zuerst in den keimenden Busen.
Nicht von irdischer Kost gedeihen einzig die Wesen,
Aber du nährst sie all' mit deinem Nektar, o Vater!
Und es dringt sich und rinnt aus deiner ewigen Fülle
Die beseelende Luft durch alle Röhren des Lebens.
Darum lieben die Wesen dich auch und bliken
                            und streben
Unaufhörlich hinauf nach dir im Freudigen Wachstum.

Das freudige Wachstum, das zu verehren, hatte Hölderlin in Frankfurt gelernt.

Puppenhaus

Gontard sah sich, nach längerer Zeit, wieder einmal das Puppenhaus an. Dieses Gontard'sche Puppenhaus, das später sogar einem ganzen Buch den Namen geben würde und sich heute im Historischen Museum Frankfurt befindet, war ein bedeutender Bezugspunkt der Familie. Sein Wert wurde von allen, Frauen wie Männern, Erwachsenen wie Kindern, ausgesprochen hochgeschätzt. Das lag nicht an seiner Kostbarkeit, es lag nicht an Gold oder Edelsteinen. Die Puppenstube, zwei Stockwerke, sechs Räume, war wie ein Abbild des Gontard'schen Geschäfts- und Wohnhauses in der Neuen Kräme oder auch des Wohnhauses im Großen Hirschgraben.

Man konnte auch an das Gogel'sche Bilderkabinett denken. Bei Gogel blickte man durch jedes Bild in eine eigene Welt. Genauso erblickte man in diesem Puppenhaus in jedem Zimmer eine eigene Welt – die aber immer wieder ein Bild der Familie Gontard war.

Es war ein wunderbares Spielzeug, die Kinder konnten hier das Leben spielen, das sie führten oder besser führen würden, gleichzeitig war es aber auch zu kostbar, um der alltäglichen Unterhaltung zu dienen. Die kleinsten Details waren nicht nur mit der größten Liebe zu den Einzelheiten nachgebildet, alles war so gut gearbeitet, als sei es ein echter Gegenstand. Wenn man sich ganz dicht vor das Puppenhaus setzte, konnte man den Eindruck gewinnen, ein echtes Panorama der Gontard'schen Welt vor sich zu haben.

In einem Zimmer saß man zu Tisch, an den Wänden waren zwei echte, winzige Spiegel, und in zwei kleinen Regalen befanden sich täuschend echte Buchimitate. Es gab eine Küche mit unzähligen Töpfen, Pfannen und Tellern, ein Raum war das Vestibül oder Treppenhaus, mit wunderbar gearbeiteten Stühlen und einem Spinnrad, in einer Anrichte fanden sich winzig kleine Krüge und Tassen, auch sie täuschend echt, und so recht gemacht, um sich in sie zu verlieben. Überall belebten kleine Figuren das Haus, in einem Zimmer lag ein Neugeborenes in einer Wiege.

Offiziell gehörte dieses Puppenhaus den Kindern von Franz, unausgesprochen aber war es der Mittelpunkt der gesamten Familie Gontard. Es zeigte, wenn man es genau nahm, das Leben der Gontards vor einer Generation. Es war ein Gegenstand, in den jeder seine Hoffnungen, Erwartungen, Wünsche und Träume hineindenken konnte und der auf diese Weise alle miteinander verband. Auch der Hauslehrer Hölderlin liebte dieses kleine Haus. Es schien ihm wie eine traurig-schöne Erinnerung an eine Kindheit, die er nie gehabt hatte.

Gontard sah jetzt in diesem Haus alle seine Gefühle versammelt. Seine Familienliebe und -fürsorge, sein Wunsch, alles geordnet um sich zu wissen, seine Sehnsucht nach diesem gesetzten sicheren Wohlstand, der ihm der Garant eines guten, zufriedenen Lebens zu sein schien. Es schien Gontard, dass ihm dieses Haus, diese Familie wichtiger war als alles andere auf Erden, und er hatte das Gefühl, dass es genauso gut eingerichtet war, und dass er nicht nur ein zufriedener, sondern glücklicher Mensch war.

Hegel und die Juden

Wirklich keinen Moment lang dachte Hölderlin daran, ein Gedicht über Geld zu schreiben. Trotzdem nehmen wir an, dass ihn das Geld in dieser Zeit bewegte, und in gewisser Hinsicht, als Weltbeweger, schien es ihm sogar etwas Großes und Würdiges. Auch sein Freund Hegel, dessen Position bei Gogels sich im Übrigen sehr gut anließ, beschäftigte sich nicht mit Geld, sondern widmete sich anderen Themen.

Er dachte damals intensiv über das Christentum nach. Das hatten sie alle, Hegel, Hölderlin, Schelling, ja schon im Tübinger Stift getan. Seinen Niederschlag fand das in den *Entwürfen über Religion und Liebe* und in der Schrift über den *Geist des Christentums*. Hölderlin ließ sich anstecken, wie immer, dachte dabei aber auch an die Juden, die jetzt doch nicht mehr nur in der Judengasse, sondern überall in der Stadt zu finden waren. Gut möglich, dass er Hegel eines Tages darauf angesprochen hat. Wie nicht anders zu erwarten, war der sofort mit einem fast vollständigen Vortrag zur Stelle.

– Es ist kein Wunder, dass dieses in seinem Freiwerden sich am sklavischsten betragende Volk bei jeder in der Folge vorkommenden Schwierigkeit oder Gefahr durch die Reue, Ägypten verlassen zu haben, und den Wunsch, wieder dahin zurückzukehren, zeigte, dass es ohne Seele und eigenes Bedürfnis der Freiheit bei seiner Befreiung gewesen war.

Hegel tauschte in seinen Überlegungen und Spekulationen wie immer munter das eine gegen das Entgegengesetzte, setzte Subjekt gegen Objekt, verschränkte das zu einer Synthese und schraubte daraus am Ende ein kühnes Gedankengebäude zusammen. Nebenbei entwickelte er eine kleine Theorie des Monotheismus und lieferte außerdem eine theologische Theorie des jüdischen Knechtsgeistes.

Es steckte damals in Hegel eine gewisse Verachtung für alles Jüdische, was ihn mit anderen Philosophen der Zeit wie Kant und Fichte verband. Hegel kamen die Juden damals so beschränkt, so niedergebückt vor, in ihrer gottesfürchtigen Knechtsseele letztendlich so unfähig, den unendlichen, absoluten Geist zu fassen. Was er ihnen besonders vorwarf. Der republikanische und immer noch revolutionär gesinnte Hegel sah bei den Juden eine autoritäre Auffassung von Gott, der gegenüber der Mensch immer ein Knecht bleiben musste.

– Bei den Juden kommt das Dasein Gottes nicht als eine Wahrheit vor, sondern als ein Befehl; von Gott sind die Juden durch und durch abhängig.

Außerdem hätten die Juden keinen Sinn für Schönheit, so Hegel weiter. Das sei ihr eigentliches Problem. Das nun war ein ausgesprochen schwerwiegender Vorwurf. Etwas Vernichtenderes hätte Hegel in diesem Moment kaum sagen können. Er wusste genau, wenn Hölderlin etwas wichtig war, dann die Schönheit.

– Wie könnten Schönheit diejenigen ahnen, die in allem nur Stoff sehen. Wie könnten diejenigen Vernunft und Freiheit üben, die nur – von Gott – beherrscht werden. Wie könnten diejenigen selbständig werden, die auf den Willen verzichtet hatten? ... Alle folgenden Zustände des jüdischen Volks, bis auf den schäbigen, niederträchtigen, lausigen Zustand, in dem es sich noch heutigentags befindet, sind weiter nichts als Folgen und Entwicklungen ihres ursprünglichen Schicksals, von dem – einer unendlichen Macht, die sie sich unüberwindlich gegenübersetzten – sie misshandelt wurden und so lange werden misshandelt werden, bis sie es durch den Geist der Schönheit aussöhnen und so durch Versöhnung aufheben.

So also sprach und dachte Hegel. Was Hölderlin über die Juden dachte, wissen wir nicht.

Mayer Amschel Rothschild

Zu dieser Zeit hätte er gut einen älteren Mann gesehen haben können, eingehüllt in einen schweren Mantel, der über die Zeil ging. Der Mann war schwer zu erkennen, aber Hölderlin wusste, es war Mayer Amschel Rothschild. Er wohnte jetzt in der Schnurgasse, ganz in der Nähe der Neuen Kräme. Deshalb ist es fast zwingend, dass Hölderlin ihm einmal begegnete. Der Mann war bereits weit gekommen, von einem bescheidenen Leben in der Judengasse hatte er es unter Frankfurts Händler und Bankiers gebracht. Aber niemand, auch Hölderlin nicht, kam auf die Idee, dass dieser Mayer Amschel Rothschild der Erste einer Dynastie war, die die mächtigste Gelddynastie des kommenden Jahrhunderts werden würde, einer Dynastie, die das europäische Bankenwesen des 19. Jahrhunderts bestimmt hat.

Schon ein paar Jahre war Rothschild nun im Geschäft. Im kommenden Jahr würde er die erste Partialobligation ausgeben. Es lief immer besser, niemand wusste, wie viel Geld er schon verdient hatte. Wahrscheinlich, lachte man an der Börse, weiß er es nicht einmal selbst. Hatte er doch lange nicht einmal bemerkt, dass sein bester Mitarbeiter ihn systematisch beklaut hatte. Rothschild schien alles zu reinvestieren, mancher sah darin nur Gier.

Vielleicht spürte Hölderlin so etwas wie Bewunderung? Dieser tapfere Mann musste beim Handel mit all den Risiken umgehen, die er bei Gontard kennengelernt hatte. Würden die Hersteller liefern? Würden sie rechtzeitig liefern? Wäre die

Qualität wie vereinbart? Würden die Kunden mit der Ware zufrieden sein? Und würden sie dann zahlen? Sollte er eine Versicherung abschließen oder die enorm hohen Kosten lieber sparen? Oder sollte er vielleicht selbst eine Versicherung gründen?

Hinzu kamen die Risiken, vor denen Gontard zurückschreckte, die Mayer Amschel Rothschild einzugehen offenbar keine Scheu hatte. Er handelte und arbeitete mit dem unwägbaren Geld, diesem Geld, das doch nur aus totem Metall bestand, das niemand essen konnte, mit dem niemand etwas anfangen konnte als zu bezahlen. Dieses Geld, das sogar aus bloßem Papier bestand, das so leicht verbrennen, gestohlen, veruntreut werden konnte. Er handelte mit Wechseln und Anleihen, die doch auch nur aus Papier bestanden, die aber über Wohl und Wehe ganzer Familien und Länder bestimmen konnten.

Dazu kamen weitere, noch schlimmere Risiken, die nur er selbst, Mayer Amschel Rothschild, kennen konnte. Würde man ihn seine Geschäfte machen lassen? Würde man ihn wieder betrügen, mit der einzigen Begründung, dass er Jude sei? Würde man ihn auslachen, ihm ins Gesicht lachen? Würde man ihm von einem Moment zum anderen wieder alle Rechte nehmen? Würde man ihn niederdrücken und ausrauben, demütigen und entmündigen?

Niemals konnte er Mitglied in einem Messe- oder Handelsverein werden, geschweige denn, wie Gontards Onkel, Börsenvorsteher werden. Und doch verfolgte dieser Mann zielstrebig und offenbar erfolgreich seine Ziele. Er musste sehr kaltblütig sein, dieser Rothschild. Rothschild hielt die Verlorenheit aus, die ein Mensch aushalten muss, dem seine Selbständigkeit und Freiheit über alles geht.

In welcher Unsicherheit diese Juden leben, und wie selbstverständlich sie doch damit umgehen konnten!

Hölderlin hätte beim Anblick Rothschilds spüren können, welche Wagnisse ein Handelsmann und mehr noch ein Bankier eingehen muss. Er hätte sehen können, wie offen das Dach war, unter dem die Bankiers ihre Geschäfte trieben, wie schutzlos sie dem Geschick ausgeliefert waren, und wie viel härter als andere es sie treffen konnte. Er hätte es in diesen Momenten deutlicher gespürt als die geschäftigen und beschäftigten Frankfurter Kaufleute selbst.

Das All ist viel nackter, die Erde viel schutzloser, als wir denken. Die Deckung durch Gott ist der Mantel, der uns so selbstverständlich Teil der Natur sein lässt, der schönen, uns behütenden Natur. Aber in Wahrheit stehen wir nackt da, nackt im Sonnensturm, nackt im unendlichen Raume, nackt im Äther, nackt angesichts der Kräfte, die wir selbst freisetzen. Der Krieg ist so groß, dass wir nichts gegen ihn ausrichten können. Bethmann hat schon Recht, aber in Wahrheit kann auch er nichts tun, als dem Rad des Geschicks hinterherlaufen. Wir Menschen setzen Kräfte frei, die unsere Möglichkeiten übersteigen. Wer oder was sind wir? Was ist der Mensch?

> Mit der Sonne sehn' ich mich oft vom Anfang bis zum
> Niedergang den weiten Bogen schnellhineilend zu wandeln,
> Oft, mit Gesang zu folgen dem großen
> dem Vollendungsgange der alten Natur,
> Und, wie der Feldherr auf dem Helme
> den Adler trägt in Kampf und Triumph,
> so möcht ich daß sie mich trüge
> Mächtig das Sehnen der Sterblichen.
> Aber es wohnet auch ein Gott in den Menschen
> daß er Vergangenes und Zukünftiges sieht und
> wie vom Strome ins Gebirg hinauf an die Quelle
> lustwandelt er durch Zeiten
> Aus ihrer Thaten stillem Buch ist
> vergangenem bekant er durch —
> die goldenes beut

Da bricht das Gedicht »Palingenesie« ab, das Hölderlin gerade auf den Rand eines Almanachs gekritzelt hatte. Palingenesie, das ist in der stoischen Kosmologie die Wiederherstellung der Welt nach der Apokalypse.

Im *Hyperion* schrieb Hölderlin: »Wir sind's, wir! Wir haben unsre Lust daran, uns in die Nacht des Unbekannten, in die Fremde irgend einer andern Welt zu stürzen, und, wär es möglich, wir verließen der Sonne Gebiet und stürmten über des Irrsterns Gränzen hinaus.«

Frankfurter Staats-Ristretto No. 44. Samstag, den 18. März 1797

Paris, vom 9. März. Die Ausgaben des laufenden Jahres belaufen sich im Ganzen auf 1000 Millionen, wovon 450 Mill. für die ordentlichen und 550 Mill. für die außerordentlichen Ausgaben bestimmt sind. Zu erstern gehören die Ausgaben für gesetzgebenden Körper, die zu 6 Millionen 719345 Pf angeschlagen sind, die für das Direktorium zu 1 Mill. 500 000 Pf. die für die Minister, die Verwaltung des Nat. Schatzes, die Vollziehungskommissarien ec. Das Ganze der ordentl. Ausgaben betragt 267 Millionen: es bleiben daher von den 450 Mill. noch 183 Mill. übrig. Nun erhebt sich aber noch die Summe der Renten und Pensionen auf 245 Mill. wodurch ein Deficit in den ordentlichen Ausgaben von 62 Mill. entsteht, von dem aber die Kommission hofft, daß es durch verschiedene Mittel sich leicht tilgen lassen werde.

Kapitel 6

Februar bis Sommer 1797

Sicherheiten

Ende Februar 1797 hatte England einen ungeheuren Schritt getan. Das britische Parlament hatte die Bank von England, schon damals ein Monument der Stabilität und des finanzpolitischen Sachverstands, von der Pflicht befreit, Banknoten in Münzgeld einzutauschen. Man konnte also mit seinen Geldscheinen nicht mehr zur Bank gehen und sagen, man hätte gerne Münzen dafür. Zumindest hatte man kein Recht darauf.

Damit war eine Deckung des Papiergelds, das sich in Umlauf befand, nicht mehr gewährleistet – und man musste sich die Frage stellen, woher der Wert des Papiergeldes denn kommen sollte. Aufhebung der Umtauschpflicht, das hört sich nicht weltbewegend an, aber die Möglichkeit, dass alles, das gesamte Wirtschaftssystem, in sich zusammenfallen könnte wie ein Kartenhaus, lag in der Luft.

Das britische Pfund brach damals nicht ein, das ungedeckte Papiergeld behielt seinen Wert. Gleichzeitig wurde in Frankreich ein Versuch für gescheitert erklärt, der in den vergangenen Jahren die Finanzen der jungen Republik hatte regeln sollen. Es war Anfang Februar 1797, also ein paar Tage vor dem kühnen Schritt der Briten, als das Projekt der sogenannten Assignaten, das Papiergeld Frankreichs, für beendet erklärt werden musste. Ihnen war genau das widerfahren, was die Briten offenbar nicht fürchten mussten, sie waren seit der Revolution und ihrer Ausgabe im Wert gesunken, und zwar auf nicht einmal ein Prozent ihres Wertes. Damit war klar, man sah die französische Revolutionsregierung für zahlungsunfähig an.

Die Assignaten waren als Staatsanleihen ausgegeben worden und wurden dann wie Papiergeld verwendet. Sie waren sehr wohl gedeckt, und zwar durch die konfiszierten Kirchengüter. Das Problem war die Einlösung. Wollte jemand seinen Wert realisieren, gibt es bei Liegenschaften naheliegenderweise Probleme, und die Assignaten mussten als wertlos erscheinen. Die Revolutionsregierung hatte bei ihrer Geldpolitik also die Vorstellung von vollkommener Deckung des ausgegebenen Geldes verfolgt und war damit in der Praxis gescheitert. Das Geld war zwar gedeckt, es konnte aber nicht eingetauscht werden und erwies damit seine Wertlosigkeit: der Alptraum eines jeden Finanzpolitikers.

Warum funktionierte es in England besser? Der Vorgang wurde so interpretiert: Es war der explizite Verzicht auf den Anspruch der Realisierung, der Konvertibilität, des real vorhandenen Umtauschwerts, der die Stärke der britischen Operation ausmacht. Das Papiergeld wurde von der Anleihe mit Bodenhaftung, so könnte man sagen, zum echten Zahlungsmittel: ein sich in seinem Umlauf realisierendes Medium. Wenn Geld das neutrale Tauschmittel sein soll, das man heute in ihm sieht, muss es vom Gold- bzw. Münzwert getrennt werden. Abgesehen davon, dass man mehr Geld bräuchte, als es edelmetallenen Gegenwert geben kann, muss das Geld sich in seinem Zirkulieren bewähren, nicht in der Anbindung an Realien. Das Papiergeld ist ab diesem Zeitpunkt eine Chimäre – aber gerade dadurch funktioniert es. Es widerspricht in ähnlich paradoxer Weise wie die kopernikanische Wende dem gesunden Menschenverstand: Nur dadurch, dass die Erde rund ist, können wir nicht von ihr herunterfallen. Nur dadurch, dass das Geld nichts wert ist, hat es für uns seine Funktionsfähigkeit.

Das Geld wird Zeichen. Es wird eine eigene, aus sich selbst wirkende Kraft. Vielleicht erscheint es deshalb manchem als etwas Göttliches oder Dämonisches.

Und Frankfurt? Welche Rolle spielte Frankfurt neben Paris und London? Die Stadt wurde in diesen Jahren erstaunlicherweise, weit vor dem viel wohlhabenderen Hamburg und dem viel größeren Berlin, zum dritten europäischen Bankenplatz internationalen Zuschnitts. Im 17. Jahrhundert war das Amsterdam gewesen, damals noch die reichste Stadt der Erde, dort hatte es die erste Effekten- oder Wertpapierbörse gegeben.

Man hatte hier die Aktien erfunden, die man kaufte und verkaufte. Man war auf den Gedanken gekommen, Anleihen in Stücke zu teilen. Diese Stücke konnten dann an einer Börse einzeln verkauft werden, so kamen große Summen Geldes zusammen. Man konnte mit diesen Scheinen aber auch handeln, man konnte sie bereits vor Ende der Laufzeit, bevor das Geld fällig wurde, verkaufen. So konnten die Gläubiger, wenn sie denn wollten, vorher an liquide Mittel kommen.

Aber was war dann, wenn man ihn verkaufen wollte, der Wert eines solchen Scheins? War er höher oder niedriger als am Ende der Laufzeit? Und um wie viel? So schuf die Kalkulation des Faktors Zeit das moderne Bankgeschäft. Das Wort »Emission« bekam seine Bedeutung. Die Vorstellung, dass man Geld generieren kann, begann zu keimen. Man gab etwas in Umlauf, und etwas Neues entstand, Kontrakte, Handel, Geld. Es hatte etwas von einem magischen Vorgang, es roch nach einem teuflischen Betrug. Das war es, was Goethe Angst machte, und was er einige Jahre später in *Faust II* behandelte.

Frankfurt war 1778 erstmals Emissionsplatz für solche Staatsanleihen gewesen. Bethmann und Gontard hatten sich damals zusammengetan, um für das Königtum Sachsen eine Anleihe über zwei Millionen Gulden zu begeben. Zur Zeit unserer Geschichte beherrschte Bethmann den Frankfurter Anleihehandel weitgehend allein, Gontard hatte sich daraus zurückgezogen. Es gab einige kleinere Mitspieler wie Harnier und Rüppell, die sich bald dauerhaft zusammenschließen würden, es gab Willemer oder Metzler, der zu dieser Zeit mit Bethmann kooperierte. Rothschild stand in den Startlöchern, bald würde sein Sohn Nathan nach England gehen, der Beginn der europäischen Bankendynastie. Aber in den Jahren 1796/97, als der Handel zurückgegangen war, blieb Bethmann unangefochten. Wenn jemand Anleihen auflegte, dann er, und nicht nur für deutsche Fürstentümer, sondern auch für ausländische Staaten, vor allem für Österreich, aber auch für Dänemark oder Russland.

Warum hatte gerade das kleine Frankfurt diesen Erfolg als Bankenstadt? War es der Status als Freie Reichsstadt, der es der Stadt ermöglichte, sich aus Konflikten und Kriegen weitgehend herauszuhalten und sich darauf zu konzentrieren, wie Geld zu verdienen war? Ähnlich wie die Schweiz, die so oft gewinnbringend unter dem Radar kriegführender Nationen hindurchgesegelt war, wie der Landgraf von Hessen-Kassel, der an den Kriegen verdient hatte, indem er seine Landessöhne als Söldner vermietet oder verkauft hatte?

Lag es wirklich daran, dass sich Frankfurt aus dem Kreislauf der Mächte, der Potentaten heraushalten konnte, besser jedenfalls als andere Städte? War Frankfurt (wie die deutschen Handelsstädte im Norden) ein Ort, wo das Geld mehr Wirkkraft entfalten konnte, da hier keine Fürsten unmittelbar auf die Mittel zugreifen konnten, um ihren Willen zu substantialisieren? Der Kaiser, der eigentliche Regent der Stadt, saß fern in Wien.

War es wie in Luxemburg oder in anderen heutigen Steuerparadiesen, die durch ihre Kleinheit, ihre randständige Lage oder auch ihre Stellung im Auge des Orkans eine Sonderstellung haben und deshalb ungestörter den Geldgeschäften nachgehen können?

War es die lange Tradition als Messestadt, in der das Geldgewerbe, das Wechseln fremder Münzen, früh eine größere Rolle gespielt hatte als anderswo? War es die Rolle als Handelsstadt, oder war es Frankfurts Lage als Kreuzungspunkt zwischen Nord und Süd, Ost und West? War es die mehr oder minder zufällige Anwesenheit von einigen kreativen Personen, von Einheimischen wie Bethmann und Metzler, Willemer und Jordis, Zugewanderten (man könnte auch sagen Geflohenen) wie den Gontards, den Harniers und den bis jetzt noch gar nicht erwähnten Brentanos, die auf diesem Gebiet besonders kreativ waren?

Waren es alle diese Faktoren gemeinsam?

Jedenfalls behauptet sich die Stadt ziemlich hartnäckig als deutsches Finanzzentrum.

Hierher war Hölderlin gekommen, und hier lernte er bei den Gontards das neue Denken kennen. Der ehemalige Theologiestudent, der werdende Dichter, der aus dem Schwäbischen an den Main kam, geriet in eine Stadt, die gerade ihre Rolle in der modernen Welt definierte, und er fand sich so mitten in der fundamentalen Umwälzung wieder, die das europäische Finanzsystem kurz vor der Wende vom 18. zum 19. Jahrhundert erfasst hatte.

Es war die Rolle des Geldes überhaupt, die sich damals in einer Weise veränderte, die vielleicht nur mit der Erfindung von Kryptowährungen heutzutage vergleichbar ist. Das hatte weniger mit der Französischen Revolution zu tun als mit einer allgemeinen Änderung des Denkens, der Kommunikation und des Austauschs.

Es überschnitten sich damals zwei Wissensweisen, zwei Arten, die Welt zu betrachten, die sonst fundamental voneinander getrennt waren: das Denken der Poesie und der Ökonomie. Lange hatte Literatur mit Geld nicht viel zu tun gehabt, nun entdeckte sie im Geld, immerhin auch auf Papier gedruckt, einen verwandten und, man muss es so sagen, ungleich erfolgreicheren Bruder.

Der Gedanke geht in etwa so: Der Preis wurde chimärisch. Man folgte der erstaunlichen Feststellung, dass gerade der – nominale und fiktive – Geldpreis das Verhalten von Kauf und Verkauf und die Folge ökonomischer Transaktionen reguliert. Unwirksam wird die aristotelische Auffassung eines gerechten Preises. Man kehrt nie zum Ausgangspunkt, zum Nullpunkt zurück. Man agiert im Übermaß und der Verschwendung. Werte und Reichtümer lassen sich nicht in Bedürfnissen anderswo substantialisieren. Das Bemühen um einen festen Maßstab des Preises wird sich als vergeblich erweisen. So schwindet das Feste und Stetige. Man wird über konkrete Bedürfnisse und Genüsse hinaus tätig, Geld wird Zweck und Sinn in sich. Das erklärt die Betriebsamkeit freier Menschen, macht die Zauberkraft des Geldes aus. Es fehlen sowohl Grenze wie Maß. Geld ist eine Institution geworden, Geld verweist auf sich selbst. Das ist das Ende der Zirkulationsmodelle, auf die noch Goethe abhob – und an die mit Sicherheit auch Hölderlin glaubte. Es geht nicht mehr um einen Kreislauf, der nach dem Vorbild des Körpers oder der Natur gedacht ist. Durch den Geldmechanismus ist das ökonomische System kein System mehr, um Krisen zu bewältigen oder gar auszuschließen. Die Krise selbst wurde zum Regulator.

Es kam der Gedanke in die Welt, dass das Geld ein Zeichen, kein materieller Gegenstand ist. Geld hat sozusagen seine eigene Poetologie bekommen, es konnte vom Menschen geschöpft und hervorgebracht werden, um dann die Welt des Menschen zu bestimmen. Darin liegt die gottgleiche Rolle der Ökonomie, des Bankwesens und des Geldes. Damit wird auch zum ersten Mal deutlich, dass der Mensch etwas erschaffen kann, was dann seiner Herrschaft entgleitet und selbst Macht bekommt. Oder galt das nicht auch schon für die Götter?

Wenn aber das Geld mit seinen Zeichen wie Worte wäre, so zufällig und brüchig in der Verbindung zwischen Zeichen und Bezeichnetem, was würde das für das Geld selbst bedeuten? Und wenn die Worte ihrerseits so wie Geld wären, wenn man sie erfinden, vermehren, verbessern könnte, wenn es gar nichts anderes sei, was die Dichter tun, wenn die Worte mehr wie Werkzeuge wären, die die Welt bearbeiten, als wie Worte, die zurückhaltend das Seiende beschrieben, was würde das dann für den Dichter, was würde es für Hölderlin bedeuten? Geld ist nicht nur wahrer, sondern auch fiktiver Reichtum, so begann man das damals zu sehen, es ist kein Goldschatz, sondern ein

Zeichen. Seine Anhäufung an sich ist sinnlos, sein Wert wird allein durch den Umlauf garantiert und generiert. Geld, das sich nicht bewegt, hat keinen Wert. Geld wurde sozusagen flüssiger. In der Zeit dieser Verflüssigung des Geldes wurde durch den Wechsel, das Termingeschäft, durch die Anleihe und ihre Stückelung, durch die Erfindung eines eigentlichen Kreditmarktes und damit einer Börse dafür, eine deutliche Steigerung der umlaufenden Geldmenge erzielt. Zirkulation wurde zum Zentralbegriff der Ökonomie.

Zirkulation wurde aber auch zu einem zentralen Begriff des Denkens überhaupt, die Ordnung des Seins wurde von da an in ökonomischen Begriffen gedacht. In diesem Denken sind wir bis heute befangen, auch wenn wir glauben, dass es keine natürliche Ordnung gibt, auch wenn wir uns glauben machen möchten, dass die Ökonomie ein Modell unter vielen ist.

Hölderlin war von diesem Denken maximal weit entfernt, die spätere Nähe, die Martin Heidegger, nicht nur der Philosoph des Seins, sondern auch ein dezidierter Anti-Modernist, zu Hölderlin herstellte, macht das am einfachsten deutlich. Hölderlin bezeichnet im Moment des Entstehens des Ökonomismus den Gegenpol.

Bruder

Zu Ostern besuchte Karl seinen Bruder Fritz in Frankfurt. Aus Hölderlins Versuch, ihn vollständig nach Frankfurt zu holen, war nichts geworden. Die Gontards nahmen Karl sehr freundlich auf, er wohnte im Weißen Hirsch und freundete sich auch mit den Kindern der Gontards an. Gemeinsam fuhren Karl und Fritz zu Sinclair nach Homburg und stiegen auf den Feldberg im Taunus. Man liebte Aussichten und Rundumblicke damals sehr, Friedrich Hölderlin aber liebte sie ganz besonders. Die Frankfurter Umgebung war wegen ihrer landschaftlichen Schönheit und des weichen, hellen Lichts bekannt, der Frühling zeigte seine ersten Zeichen, auch oben auf dem Berg war es nicht mehr so schrecklich kalt.

Mainz, so hatte Hölderlin entschieden, sollte der Bruder ebenfalls sehen. Als jedoch die französische Armee wieder auf Frankfurt vorrückte, wurde dieser Plan sofort fallen gelassen. Hölderlin war mit einem Mal sehr in Sorge um den kleinen Bruder. Er riet ihm, die Stadt schnellstens zu verlassen. Schon war Frankfurt in Aufruhr, man erwartete das Schlimmste, bis hin zu einer erneuten Beschießung.

Und wirklich, es ging dann mit Karl alles sehr schnell. Hölderlin begleitete ihn bei der Abreise noch vor das Tor und eine Stunde lang weiter auf seinem Weg nach Süden, bevor er sich wieder zurück Richtung Stadt wandte. Kaum war er zurück, wurde das Bockenheimer Tor im Norden auch schon durch die französische Kavallerie im Handstreich genommen.

Wie schutzlos doch alles war!

Aufgehalten wurden die Franzosen dann nicht durch kaiserliche Truppen, sondern durch eine Nachricht, überbracht durch einen gerade noch rechtzeitig herbeieilenden Kurier. Es war eine Ordre Bonapartes, eine Friedensbotschaft, die der Reiter von ihm überbrachte. Der General schien bereits alle Zügel in der Hand zu halten. Die ganze Stadt, so erzählte man noch viele Jahre später, sei damals in Jubel ausgebrochen.

Ein paar Tage später schon hatte sich alles vollkommen normalisiert. Die französischen Soldaten integrierten sich in das Leben der Stadt, schon bald konnte man ihre Offiziere im Theater treffen.

In jenen frohen Tagen erschien bei Cotta der erste Teil von Hölderlins *Hyperion oder Der Eremit in Griechenland*. Das Oktavbändchen sollte 10 Groschen oder 45 Kreuzer kosten. Hölderlin bekam 10 Freiexemplare und 100 Gulden Honorar. Das war nicht viel und wurde ihm von Cotta sogar zum großen Teil erst Mitte September ausbezahlt.

Mehr als zwei Jahre später, Ende Oktober 1799, sollte der zweite Band des Romans erscheinen. Der Ankündigung dieses zweiten Bandes war ein Satz Cottas beigefügt. »Man wird das seltene Talent des Verfassers erkennen, der auf eigenem Weg seinen genialischen Gang verfolgt.«

Erst diesen zweiten Band wird Hölderlin dann mit der berühmten Widmung »Wem sonst als Dir« an Susette Gontard geben. In das Exemplar des ersten Bandes, das er ihr jetzt gab, schrieb er eine andere, viel distanziertere Widmung. Sie beginnt mit den Worten »Der Einfluss edler Naturen ist dem Künstler so nothwendig, wie das Tageslicht der Pflanze ...«

Es heißt, er habe ihr das Buch direkt nach Erhalt der Freiexemplare als Erster überreicht. Ob es so war, weiß niemand. Die Widmung klingt, in ihrer Allgemeinheit, als hätte Susette Gontard damals noch nichts von der Liebe des Dichters gewusst oder geahnt. Vielleicht wusste noch nicht einmal er selbst zu diesem Zeitpunkt davon.

Gesellschaft

Den Mai zogen sie auf den Adlerflycht'schen Hof vor die Tore der Stadt. Adlerflycht, Adlerflucht! In mehreren von Hölderlins Texten war der Adler vorgekommen, manchmal verglich er sich selbst mit ihm. Jetzt floh der Adler, er flog aufs Land. Man fuhr beim Eschenheimer Tor hinaus aus der Stadt, und dann ging es, nicht einmal eine Meile weit, ganz leicht den Berg hinauf und schon war man da, auf dem Adlerflycht'schen Hof.

Es war ein wunderbarer Hof, ein eigenes Anwesen, ein großes, barockes Herrenhaus und viele Wirtschaftsgebäude dabei, Stallungen, Wiesen, Hecken und Bäume, Erlen und Pappeln – ein wahres Idyll. Ein wunderbares Sommerhaus. Hier schien die Familie Gontard endlich gefunden zu haben, wonach sie gesucht hatte, ganz nahe bei der Stadt, aber doch ein abgeschiedenes, ländliches Arkadien. Der Blick ging auf die Häuser der Stadt genauso wie auf den Taunus und den Feldberg.

Aber obwohl sie doch wieder alle beisammen waren, die Unbeschwertheit vom letzten Jahr, an die sie sich noch so wunderbar erinnerten, wollte sich nicht wieder einstellen. Marie würde heiraten, langsam musste man den Tatsachen in die Augen sehen. Die Hochzeitsvorbereitungen liefen seit Wochen.

Am stärksten schien die bevorstehende Hochzeit Madame Gontard zu treffen. Mehr und mehr zog sie sich in sich zurück, sie schien keine Freude an Gesellschaft mehr zu haben, aber auch nicht am Leben auf dem Land. Jetzt hatte sich auch noch ihr Bruder aus Hamburg angekündigt, und wieder mussten Empfänge, Besuche, Ausflüge organisiert werden, sie aber war all dessen überdrüssig. Man solle sie, soll sie einmal gegenüber ihrem Mann gesagt haben, als der abends nach den Geschäften des Tages auf den Landsitz hinausgeritten kam, doch bitte in Ruhe lassen.

Was dagegen mehr wurde, so schien Marie, waren die Unterrichtsstunden, die Madame und Hölderlin zusammen mit den Kindern verbrachten. Bereiteten sie sich so auf die Zeit vor, wenn sie nicht mehr da sein würde? Sie spürte Eifersucht. Es gab Stunden, die Madame nun allein mit Hölderlin verbrachte. Marie hatte keine Ahnung, worüber sie da sprachen.

Noch mal Hegel

Hegel, der doch bei allem und jedem Bescheid wusste, war wirklich kein Vordenker der Geldtheorie. Am deutlichsten hat er sich in den Vorlesungen über die Philosophie des Rechts von 1819/20 zum Geld geäußert. Eine moderne Ökonomie erschien bei Hegel nicht einmal als Idee, er blieb auf dem Feld der Ökonomie den Vorstellungen von Aristoteles verhaftet. Geld war für ihn ganz simpel an Ware gebunden. Geld ist das »allgemeine Tauschmittel«, »in welchem der abstrakte Wert der Waren wirklich ist«, schrieb Hegel. In einer frühen Schrift allerdings, der *Jenaer Realphilosophie* von 1805/06, erschien Geld als das eine, worin alle Bedürfnisse zusammengefasst sind. Geld als Pool der Bedürfnisse – darin lag eine visionäre Perspektive, die Hegel später aber nicht weiter verfolgte.

Es ist interessant, Hegels damalige Position mit ihren Implikationen auszuformulieren. Vielleicht, bedenkt man Hegels Naturell, das sich mit schlichtweg allem beschäftigte, hatte er in dieser Zeit doch visionäre Gedanken zum Geld. Sagen wir also, Hegel wäre nach getaner Arbeit bei Gogel auf den Adlerflycht'schen Hof gekommen. Nun wussten sie, was eigentlich nie vorkam, nicht so recht, worüber sie reden sollten. Hegel war immer noch mit Religionsfragen beschäftigt, Hölderlin begann gerade den *Empedokles*. Beide betonten zu dieser Zeit die Bedeutung des Endlichen gegenüber dem Absoluten. Das Absolute muss sich im Endlichen, im Leben zeigen, so wie Gott im Sünder. Die Idee ist nichts ohne lebendige, konkrete Übersetzung, das Apriori muss zu synthetischen Urteilen führen, sonst macht es keinen Sinn. Kants Diktum, dass Gedanken ohne Inhalte leer sind, klang hier nach, genauso wie die Auseinandersetzung Hölderlins mit Schelling über das Absolute und dessen Wendung zur praktischen Philosophie.

Hölderlin war seit zwei Jahren mit der Realität eines Mediums konfrontiert, das genau das tat: Es verwandelte sich, als Prinzip, in Praxis, als Idee in Anwendung. Geld hat seine Eigenart nicht darin, dass es Wert bewahrt, es hatte sie darin, dass es den Schritt von der Idee zum Konkreten, vom Absoluten zur sinnlichen Gewissheit, wie dann die Terminologie Hegels in der Phänomenologie des Geistes von 1807 lautete, mühelos meisterte.

Geld war doch ganz sicher eine Idee, man konnte aber sehr konkrete Dinge dafür bekommen und damit tun.

Wenn Hölderlin Gedanken an das hatte, woraus später die

große Elegie »Brod und Wein« werden würde, dann hätte das Gespräch damit beginnen können, dass er von Einheit, von Ordnung und Maß redete.
- Die Ordnung im Hause Gontard beruht auf dem Gelde, mein lieber Hegel, Dauerhaftigkeit ist hier dauernder Wechsel, aber das ist stabiler als andere Systeme. Hier, im Wechsel, wenn irgendwo, hat alles seinen Platz.
- Du mit deinem Geld, Fritz! Gäbe es mit einem Mal kein Geld mehr auf der Welt, es würde sich doch nichts ändern. Kein Haus, kein Hof, keine Stadt würden verschwinden, Möbel, Speisen, Güter, Tiere, Menschen, alles würde bleiben, wie und was es ist.

Hölderlin schwieg einen Moment, als wüsste er, dass es folgenschwere Worte waren, die er nun sagte.
- Du hast wohl recht. Es ist ja offensichtlich. Und doch weißt du selbst ganz genau, dass das nicht stimmen kann. Alles würde aus dem Gleichgewicht geraten, wenn es kein Geld mehr gäbe. Nicht nur, dass nichts mehr getauscht werden könnte, verkauft, weitergegeben, alles würde in große Stockung und merkwürdige Entseelung geraten.

Hegel war von diesem Gedanken provoziert und befremdet.
- Das erste Buch Gottes ist die Natur, die Welt. Das zweite Buch ist die Schrift, die Bibel. Geld ist da nirgends vorgesehen.
- Ja, das stimmt, aber das dritte Buch, das sind die Gesellschaft und das Geld, das sie zusammenhält, die Form und Leben geben. Vielleicht ist das Geld durch Zufall entstanden, vielleicht kommt es nicht von Gott, aber kein Staat, keine Gesellschaft wird ohne Geld funktionieren.

Hölderlins Bestimmtheit ärgerte Hegel. Vielleicht war er der Meinung, dass es zu spekulativ war, was Hölderlin da behauptete. Vielleicht sagte ihm auch etwas, dass Hölderlin Recht hatte. Er wollte den Gedanken Hölderlins nicht wahrhaben, er wollte ihn nicht anerkennen.

– Geld ist nichts, Fritz. Geld kann kein Geld erzeugen. Das wusste schon Thomas von Aquin. Geld ist verächtlich, Geld ist Ausscheidung, Geld ist Kot. Nur der Jude darf Geld aus Geld machen, darf es verleihen, und deshalb ist auch er verächtlich.
– Ich weiß nicht, ob du nicht etwas weit gehst, Hegel. Es gibt hier Juden, die mir tapfere Leute scheinen.
– Mag sein, mag sein. Aber es ist doch ein schöner Zug, gerade in Deutschland, welche Verachtung man hier gegen das Geld hat und zeigt. Die Deutschen dichten ihm einen Ursprung an, der nicht verächtlicher und niedriger sein kann. Man stellt ihn fürs Auge in Figuren dar, die Geldscheißer genannt werden. Es soll eine mythologische Beziehung zugrunde liegen. Eine Bratwurst, oder was es sei, mag man nicht mit einer so niedrigen Entstehungsart zusammendenken.

Da stockte das Gespräch schon wieder. Hölderlin scheute davor zurück, das Thema weiterzuführen. Hegel dachte an die Judensau und dass Geld nur bedrucktes Papier ist. Geld tut, und zwar anonym, ruhig, flüssig, effizient, was nur Gott oder das Absolute dürfen. Es bestimmt jedem Dinge seinen Platz in der Welt. Geld, das wäre die Poesie des Realen, Ökonomie, das wäre Dichtung mit wirklichen Menschen.

Frankfurter Staats-Ristretto No. 52. Samstag, den 1. April 1797 – Aus London, vom 21 März.

Jetzt werden auch goldene Medaillons als ein Geschenk und Ehrenzeichen an alle Brittische Officiers, die in der Seeschlacht begriffen waren, geschlagen. Die neuen Banknoten von 1 und 2 Pf. Sterl. circuliren nun in Menge; es macht aber im gemeinen Leben viele Schwierigkeit und Verwirrung, sie zu wechseln. Die Advocaten und Aerzte sind gar nicht mit dieser neuen Erscheinung zufrieden;

denn da sie für ihren jedesmaligen Rath oder Besuch eine Guinee empfiengen, so erhalten sie jetzt nur ein Pfund, und das in Papier. Nach einem im Staatsamte des Herzogs von Portland eingegangenen Verzeichnisse aller franz. Emigranten in England beläuft sich ihre Anzahl auf 12,125; nämlich an Priestern, die von der Regierung unterhalten werden 5000, ferner an Layen nebst Weibern und Kindern 2950; an Geistlichen, die von ihren Mitteln oder von ihrer Arbeit leben, 500. Emigrirte, welche ihr Eigenthum nach England gerettet haben, nebst alten Leuten, Kindern, Dienstboten etc. 3000. Da die Anzahl der Ausländer, die allein in London wohnen, 80 000 beträgt, so hat die Regierung befohlen, daß die Kirchspielsbeamte von Haus zu Haus gehen, und ihre Namen aufschreiben. Die Associationen der Kaufleute der Stadt London, welche über 4000 betragen, und sich anheischig gemacht haben, freiwillig die Banknoten anzunehmen, und in Zahlung auszugeben, kommt dem Minister bei seinem Plane sehr zu statten. Die Furcht ging auch wirklich zu weit, und die Bank ist gerettet und hat wenigstens noch 4 Mio. Pf. Sterl. baares Geld vorrätig. Indessen ist niemand eigentlich gezwungen, die Banknoten als baares Geld zu nehmen.

Streit

Eines Abends, als Gontard wieder aus der Stadt auf den Hof geritten kam, als er bei Tisch etwas gesprächiger erschien als sonst, sprach er, was er selten tat, beim Essen von den Geschäften.
- Ich werde vielleicht noch einmal nach Nürnberg fahren müssen.
- Heinrich kommt bald aus Hamburg. Da kannst du doch nicht wegfahren.

– Es kann sein, dass es durchaus nicht verschiebbar ist. Dann wirst du dich allein um den Bruder kümmern müssen.
– Marie heiratet bald.
– Susette! Das sind noch zwei Monate hin. Es sind geschäftlich schwierige Zeiten. Ich habe Aufgaben.
Schweigen.
– Wo ist eigentlich Hölderlin?
– Er ist oben, mit dem Hegel.
– Wer ist Hegel?
– Das hast du bestimmt schon dreimal gefragt, Gontard. Hölderlin und Hegel haben gemeinsam studiert. Hegel ist jetzt Hofmeister bei Gogel.
– Stimmt, du hast recht. Dichtet er auch, dieser Hegel?
– Das hast du auch schon mehrfach gefragt. Nein, er dichtet nicht, er philosophiert.
– Und was macht unser Hölderlin nur immer dort? Er ist jetzt dauernd mit diesem Hegel.
– Nein, ist er nicht. Dafür, dass du eben noch nicht einmal seinen Namen kanntest, weißt du gut Bescheid.
Madame Gontard konnte sich die Spitze nicht verkneifen.
– Es ist mir vollkommen egal, mit wem Hölderlin sich aufhält, Hegel oder sonst wer, solange er hier ist, wenn er gebraucht wird.
Da Hölderlin genau in diesem Moment zur Tür hereinkam, hörte er Gontards letzten Satz. Es kränkte ihn, dass Gontard offenbar der Meinung war, dass er, Hölderlin, seine Aufgaben nicht richtig wahrnahm. Es kränkte ihn, da er sich keiner Schuld bewusst war. Es kränkte ihn noch mehr, dass Gontard so sprach, als wäre er, Hölderlin, ein beliebiger Domestik.
– Man kann nicht oft genug mit Hegel sprechen.
– Setzen Sie sich und essen Sie.
– Ein Bonaparte des Geistes! Auch Geld wird Geist, wenn Hegel davon spricht.
– Hölderlin!

Hölderlin war von Widerspruchsgeist befallen. Hegel hatte doch gar nichts, wirklich nichts mit Geld am Hut. Gontard aber, nach einem anstrengenden Tag, von seiner Gattin zusätzlich aufgestachelt, reagierte heftig, vielleicht heftiger als er beabsichtigt hatte.
– Fangen Sie nicht schon wieder vom Geld an, Hölderlin. Bleiben Sie bei den Griechen, bleiben Sie bei der Dichtung, bleiben Sie meinetwegen beim Geist. Aber sprechen Sie nicht von Dingen, von denen Sie nichts verstehen.

Gontard konnte es einfach nicht leiden, wenn man Geld und Geist vermischte. Für ihn bekam das Geld dadurch einen Beigeschmack von Zauberei, Zauberei aber war sicher nicht das, was er jeden Tag tat. Es war Geschäft.

Da schaltete sich Marie in das Gespräch ein, die das Aufbrausen Gontards kannte und damit umzugehen wusste.
– Es kann ja auch Herr Hölderlin etwas zur Unterhaltung des Bruders beitragen, wenn Sie in Nürnberg sind, Herr Gontard.

Sie wollte beschwichtigen und ausgleichen, machte die Sache in diesem Fall aber nur schlimmer.
– Ich bin nicht als Gesellschafter hier eingestellt, sondern als Hauslehrer.

Hölderlin sprach das nicht zu Marie hin, sondern laut und deutlich in die gesamte Runde.
– Herr Hölderlin, ich würde auch nicht auf die Idee kommen, Sie als Gesellschafter hier einzustellen. Das können Sie nicht. Aber falls meine Frau an einem der kommenden Tage ihre Hilfe benötigen sollte, dann erwarte ich, dass Sie sich erkenntlich zeigen, dass Sie sich von ihrer besten Seite zeigen und tun, was von ihnen verlangt wird. Wir tun hier alle mehr als unsere Pflicht!

Hölderlin war noch immer von der Lust am Widerspruch gepackt.
– Ich mag ihr gerne zur Seite stehen, wenn es denn ge-

wünscht wird. Nur bin ich, Sie sagen es ja selbst, Monsieur Gontard, als Gesellschafter denkbar schlecht geeignet.
- Reißen Sie sich zusammen! Sie werden wohl einen Abend lang Gespräche führen können. Sie geben doch andauernd vor, ein Mann des Wortes zu sein.
- Wenn ich Sie richtig verstanden habe, Monsieur Gontard, sagten Sie doch gerade, dass ich mir nicht zu viel herausnehmen soll, in Gesellschaft, dass ich dort schweigen solle.
- Mensch, Hölderlin! Ich habe es schon ein paar Mal gesagt, Sie sollen nicht über Geld reden, Sie sollen nicht schwadronieren. Ansonsten sagen Sie, was Sie wollen!
- Ich weiß nicht, ob der griechische Freiheitskampf für die Herrn Kaufleute von Interesse oder Belang ist.

Hölderlins Ton war spitz geworden. Es entstand eine Pause. Marie sagte nichts, Susette auch nicht. Die Kinder waren schon lange stumm. Gontard kochte, nahm sich aber zusammen. Er sammelte sich und sprach mit ruhiger Stimme.
- Ich dachte bisher, Herr Hölderlin, dass Sie die Bedeutung von Gesellschaften für unsere Familie verstanden haben. Aber Sie scheinen zu denken, dass wir das alles aus Spaß, sozusagen als einen Jux machen. Als gäbe es für uns kein schöneres Vergnügen, als abends Gesellschaften zu bewirten, übellaunige Stadtväter zu unterhalten, verstimmte Gattinnen aufzumuntern und ganz Frankfurt bei Laune zu halten.

Hölderlin wollte etwas erwidern. Aber Marie gab ihm Zeichen, besser zu schweigen.
- Nein, auch wir würden uns gerne manchmal zurückziehen, zurücklehnen und ausruhen. Aber die Gesellschaft ist, was uns nährt, was uns erhält, wovon wir leben. Ohne Gesellschaft gibt es kein Leben, keine Geschäfte und auch kein Vergnügen. Es ist unsere vornehmste Aufgabe, sich um die Gesellschaft zu kümmern. Ohne Gesellschaft sind wir nichts. Also tun Sie, bitte schön, was man Ihnen aufträgt.

– Ich werde selbstverständlich tun, wie mir geheißen. Wenn ich mich nun empfehlen darf.
– Aber Sie haben ja noch gar nichts gegessen!

Es war Madame Gontard, die das rief. Hölderlin aber verneigte sich tief, vielleicht etwas zu tief, und verließ wortlos den Saal. Madame blickte ihm hinterher.

Es war das erste Mal, dass Gontard und er sich ernsthaft gestritten hatten.

Henry

Das Verhältnis von Hölderlin und Henry war und blieb gut, Henry lernte hervorragend. Hölderlin nahm seine Sache als Erzieher nach wie vor ernst, er liebte den Knaben, und auch nach den Mädchen schaute er, nach der Heirat von Marie würde er ohnehin öfter nach ihnen sehen müssen.

Trotzdem merkte Henry, dass etwas anders war.

– Erzähl mir bitte von den Griechen, Hölder.
– Nein, ich kann nicht.
– Bitte, erzähl!

Henry ergriff die Gelegenheit, als sie endlich wieder einmal ohne Mädchen allein waren.

– Oder lies mir aus deinem Roman vor.
– Henry!
– Bitte, bitte, Hölder, erzähl, lies!

Henry verwendete immer öfter den Namen Hölder, nur er hatte die unausgesprochene Erlaubnis, ihn zu benutzen.

– Nein, Henry, ich kann nicht.
– Was ist nur los mit dir? Du warst immer so aufgeregt, wenn es um die Griechen ging, du hast immer so gerne erzählt. Und nun?

Hölderlin schwieg. Aber je einsilbiger er wurde, desto mehr redete der junge Henry. Er war inzwischen zehn Jahre alt.

– Wo ist deine Freude hin? Hölderlin, wir müssen doch lernen. Du warst immer so freudig. Jetzt bist du so traurig!

Hölderlin wusste nicht warum, aber die Worte des Kindes schnürten ihm die Kehle zu.

– Was ist mit dir, Hölder?

Der Knabe bekam Angst, er spürte, dass in Hölderlin etwas vorging.

– Ich weiß es nicht, Henry. Ich kann es dir nicht sagen. Lass uns den Plutarch lesen.
– Nein, Plutarch ist langweilig. Erzähl etwas, bitte! Oder lass uns wenigstens Homer lesen.
– Plutarch, Henry.
– Dann nimm bitte dieses Heft von mir. Und versprich mir, dass du etwas hinein schreiben wirst.

Hölderlin hatte keine Kraft mehr zu widersprechen. So nahm er Henrys Übungsheft.

– Du bist ein guter Junge, Henry. Wir werden sehen! Aber jetzt den Plutarch.

Kapitel 7

Sommer bis November 1797

Hochzeit

Es kam tatsächlich, auch wenn Hölderlin es nicht wahrhaben wollte, der Tag von Maries Hochzeit. Weniger ungestört, als in den Sommermonaten gewohnt, war man auf dem Adlerflycht'schen Hof gewesen, ein unerfreuliches Hin und Her. Madame Gontard hatte immer wieder in die Stadt gemusst. Marie war ihrer Hochzeitsvorbereitungen wegen, die auf dem Lande nicht gut zu treffen waren, ohnehin oft in der Stadt.

Hölderlin schrieb derweil in das Heft Henrys, zwischen die Zeilen eines geometrischen Beweises, den ersten Entwurf zum *Tod des Empedokles*.

Maries Hochzeitsfeier fand bei den Gontards statt. Viel mehr wissen wir nicht darüber. Wir wissen aber, dass dieser Tag, es war der 10. Juli 1797, für Hölderlin ein bemerkenswerter Tag gewesen sein muss. Niemals, kein einziges Mal, schrieb Hölderlin über Marie – wenn man denn nicht die Anbetung der Unbekannten, die er vor allem mit Neuffer geteilt hatte, als eine Huldigung Maries begreifen will.

Was er aber tat: Er schrieb am Tag ihrer Hochzeit zwei Briefe. Hölderlin nahm sich an diesem Tag Zeit, sich hinzusetzen, sich zu besinnen und zwei sehr ausführliche und wichtige Briefe zu verfassen. Die Hochzeit beschäftigte ihn offenbar, er musste sich irgendwo Luft machen, er brauchte für seine Gefühle ein Gegenüber.

Das Fest, das für alle, für das ganze Haus Gontard, einschneidend war, wird in diesen Briefen Hölderlins jedoch nicht erwähnt. Man hat vermutet, dass er nicht an der Hochzeit und nicht an der anschließenden Feier teilnehmen durfte und dass er darüber verbittert war. Diese Vermutung entbehrt jeder Grundlage. Warum sollte Hölderlin von der Hochzeit ausgeschlossen gewesen sein?

Die beiden Briefe, die Hölderlin schrieb, waren an seine »liebste Mutter« und an den »liebsten Neuffer« gerichtet. Hölderlin war bewusst, als er diese Briefe schrieb, dass er nicht nur Teil der Gesellschaft war, in der er lebte, sondern dass er in ihr auch ein Außenseiter war. Er gehörte dazu, und er gehörte nicht dazu. Auch die Anwesenheit von Hegel hatte nichts geändert.

»Philosophiren, Politisiren, u. s. w. läßt sich mit Manchem. Aber die Zahl der Menschen, denen man sein Schwächstes, und sein Stärkstes offenbart, die mag man nicht so leicht verdoppeln.« So schrieb er an Neuffer. Möglicherweise drückt sich darin Unzufriedenheit mit Hegel und Sinclair aus.

Außerdem habe er keine Ruhe, ohne Ruhe aber, und Hölderlin meinte damit Selbstbesinnung, sei das Leben der Tod. Ihm waren die Gesellschaften zu viel.

Es war ihm an diesem ruhelosen Tag aber auch ein Bedürfnis, sich der Mutter eingehend zu widmen. Er vertraute sich ihr dabei nicht an, er widmete sich ihr. Er sei gesund, befinde sich in einer Lage, die er nicht als »drückend« bezeichnen würde, eine merkwürdig gewundene Formulierung. Sie aber – und das deutlich zu machen war Hölderlin ein außerordentlich starkes Bedürfnis – solle sich keine Sorgen machen.

Was sagen diese Briefe? Das Offensichtliche ist wohl schwer wahrzuhaben: Hölderlin ging Maries Abschied nahe. Er brauchte ein Ventil, der Tag hatte ihn aufgewühlt. Er fühlte sich verlassen, und er fühlte sich überfordert. Er schrieb an die Menschen, die ihm nahe waren, er wollte sich ihrer versichern, er zeigte sich offen und solidarisch, wie man das unter guten Vertrauten tut. Hier sind die Menschen, die noch zu mir halten! Er vergewisserte sich ihrer Bindung.

Das Lied der großartigen, der angebeteten Diotima wollte er Neuffer diesmal nicht singen. Ich bin, schrieb Hölderlin dafür an

Neuffer, zerrissen von Liebe und Hass. Weiter wollte er nicht gehen, spezifischer wollte oder konnte er nicht werden.

Was aber hieß das, welche Liebe, welcher Hass? Liebe ist bei Hölderlin die wahre Liebe, die Liebe, die aus dem Geist kommt, aus dem auch die Dichtung kommt, die Liebe der Menschlichkeit, des Vertrauens. Hass aber verdient das oberflächliche, den Menschen um sich selbst bringende, das falsche Gefühl. So weit kann man vielleicht zu Recht vermuten. Auf wen sich diese Gefühle jeweils konkret bezogen, wenn sie denn überhaupt konkret gemeint waren, bleibt dagegen ungewiss. Hasste er jemanden? Liebte er jemanden? Oder war es das Gefühl der Zerrissenheit, die Erkenntnis, dazu- und nicht dazuzugehören, was ihn so beschäftigte?

Die Hochzeit fand in der Katharinenkirche an der Hauptwache statt, die anschließende Feier war im Weißen Hirsch. Marie und ihr Gemahl blieben nach der Hochzeit noch über einen Monat in Frankfurt bei den Gontards. Dann zogen sie sich auf die Güter Rüdts im südöstlichen Odenwald zurück. Die Beziehung zwischen den Paaren Gontard und Rüdt war in dieser Zeit herzlich geworden, auch die beiden Männer verstanden sich gut.

Mehr wissen wir nicht.

Es gibt ein unbetiteltes Gedicht Hölderlins, dem Eduard Mörike den Titel »An eine Verlobte« gegeben hat. Dieses Gedicht ist in seiner Datierung ungewiss, es könnte aus der Zeit der Heirat Maries stammen. Es ist zu keinem anderen Ereignis oder Vorgang in Hölderlins Leben als der Verlobung und Heirat Marie Rätzers sinnvoll in Verbindung zu bringen.

Des Wiedersehens Thränen, des Wiedersehens
  Umfangen, und dein Auge bei seinem Gruß, –
    Weissagend möcht ich diß und all' der
      Zaubrischen Liebe Geschik dir singen.

So lautet die erste von sechs Strophen. Man kennt niemanden im Umkreis Hölderlins, der das Du dieses Gedichts sein könnte – wenn nicht Marie Rätzer. Wer möchte, kann sich vorstellen, dass Hölderlin es, zusammen mit den beiden Briefen an die Mutter und Neuffer, geschrieben hat. Selbstverständlich kann das Gedicht aber auch zu einem anderen Zeitpunkt entstanden sein oder an eine Namenlose gerichtet gewesen sein, eine poetische Fantasie, wie es Diotima anfangs ebenfalls gewesen ist.

In den Wochen nach der Hochzeit sprach Hölderlin von Licht und Schatten, wieder das Motiv der Zerrissenheit, der Gespaltenheit. Madame Gontard, Marie und ihr Rüdt kamen zuweilen hinaus, auf den Adlerflycht'schen Hof, verbrachten aber doch mehr Zeit in der Stadt. Es war und blieb eine zerrissene Zeit, die frisch verheiratete Marie, die neuerdings verunsicherte Madame Gontard, Stadt und Land, Liebe und Trennung.

Ihm sei das Leben oft zu lebendig, so klein auch der Kreis sei, worin er sich bewege, schrieb er dem Bruder im August. Freiheit und Ruhe hoffe er zu finden, schrieb er der Mutter.

Im August verließ Marie, gemeinsam mit Rüdt, Frankfurt endgültig in Richtung Odenwald. Susette sagte ihr zum Abschied, dass sie sie um die Stille in Bödigheim beneiden werde. Das war nett gesagt, entsprach aber nicht der Wahrheit. Marie war selbst etwas bange, wenn sie an die Zurückgezogenheit des Lebens im abgelegenen Odenwald dachte.

In Wahrheit konnte Madame Gontard selbst zu jener Zeit ein Leben in Stille und Abgeschiedenheit überhaupt nicht ertragen. Sie konnte nicht allein sein und begab sich in Gesellschaften, wann immer es ging. Dort sprach sie zwar kaum, aber sie brauchte die Anwesenheit anderer Menschen, sie war ihrer regelrecht bedürftig.

Gontard sah die Nervosität und Unrast seiner Frau mit Sorge. Er konnte sie sich nicht erklären. Wenn er sie fragte, reagierte sie ausweichend oder abwehrend. War die Trennung von Marie wirklich so einschneidend für sie? Gontard hielt das für unwahrscheinlich. Entfernte er sich von ihr? War doch etwas mit diesem Hölderlin? Sie verbrachten viel Zeit miteinander.

> *Frankfurter Staats-Ristretto, Extra Beilage zu No. 117, 27. Juli 1797.*
>
> Vermischte Nachrichten. In London ist an der Börse eine Wette eröffnet worden, wo man 20 Guineen giebt, unter der Bedingung, 100 dafür zu erhalten, wenn Frankreich binnen 5 Wochen Frieden mit Großbrittanien schließt. –

Schiller und Goethe

In diese Zeit fiel auch Hölderlins Frankfurter Zusammentreffen mit Goethe. Wir wissen sogar das genaue Datum, es war der 22. August 1797. Schiller hatte darauf gedrungen. Sein Verhältnis zu Schiller habe wieder zu leben angefangen, hatte Hölderlin zuvor der Mutter geschrieben. Es sei etwas eingeschlafen gewesen, nun aber sei es wärmer denn je. An Schiller hatte Hölderlin, ebenfalls im August, geschrieben: »Ihr Brief wird mir unvergeßlich seyn, edler Man! Er hat mir ein neues Leben gegeben.«

Wie kompliziert die Beziehung zwischen Schiller und Hölderlin war, ist bekannt. Hölderlins jahrelanger Bewunderung, ja hingebungsvoller Verehrung begegnete der Ältere mit zeitweiliger Nähe und Hilfe, aber auch mit einer gewissen Überheblichkeit und Unverständnis für Hölderlins dichterische Qualität. In diesem Jahr 1797 hatte Schiller zwei Gedichte Hölderlins zur Beurteilung an Goethe geschickt, »Der Wanderer« und »An den Aether«. Dabei hatte er den Namen des Autors nicht preisgegeben.

Goethe zeigte sich etwas herablassend, aber auch nicht abgeneigt. Schiller lüftete daraufhin das kleine Geheimnis um den

Verfasser und veröffentlichte auf Goethes gnädiges Urteil hin »Der Wanderer« in den *Horen*, »An den Aether« im *Musen-Almanach für das Jahr 1798*. In beiden Fällen nannte Schiller den Namen des Verfassers wieder nicht.

Das Verhältnis von Schiller und Hölderlin entspannte sich im Sommer 1797, nachdem es ein Jahr lang so ausgesehen hatte, als würde die einstige Vertrautheit zu einer Konfrontation werden, als würde sie auf eine Entzweiung oder Entfremdung hinauslaufen.

In dieser Situation nun kam Goethe, den Hölderlin vor Jahren mehrfach in Jena und Weimar gesehen hatte, nach Frankfurt. Er blieb hier einen Monat und gegen Ende des Aufenthalts, eben am 22. August, trafen sich die beiden Männer, der eine sechs Tage vor seinem 49. Geburtstag, der andere 27 Jahre alt.

Nähe zu ihm, hatte Hölderlin im gleichen Brief an Schiller vom August geschrieben, sei ihm nicht erlaubt. Er belebe ihn zu sehr, seine Gegenwart entzünde ihn so sehr, dass er keine Gedanken mehr fassen könne.

Goethe seinerseits, der so leicht nicht aus der Fassung zu bringen war, war über die neue Kraft des Geldes, die zum Beispiel in der Entscheidung der Bank von England deutlich war, beunruhigt. In seinem *Ersten Entwurf einer allgemeinen Einleitung in die vergleichende Anatomie* hatte er zwei Jahre zuvor den beruhigenden Satz geschrieben, dass die Natur sich niemals verschulden werde oder gar bankrottgehen könne. Genau das war so sicher nun nicht mehr.

Das Thema trieb ihn um. Die exorbitante Entwicklung der Grundstückspreise in Frankfurt überraschte und beunruhigte ihn. Ein altes Anwesen der Familie, beim Bombardement durch die Franzosen in einen Schutthaufen verwandelt, war gleichwohl doppelt so viel wert wie vor elf Jahren, schrieb er an Schiller. Den ausgesprochen wohlhabenden Goethe beschäftigten die Entwicklungen des Geldes so, dass er Jahre später im *Faust II* einen ganzen Akt um das Thema kreisen ließ. Dort würde er versuchen, den neuen Dämon zu bannen und in sein Weltbild einzuordnen.

Als Hölderlin die »ruhige und heitere« Wohnung betrat, in der Goethe sein Frankfurter Quartier hatte, kam der ihm freundlich und gefasst entgegen.

– Es ist ein reiches Leben, hier in Frankfurt, sagte Goethe bei der Begrüßung.

Goethe war eine stattliche Erscheinung, männlich und fest. Er strahlte Selbstsicherheit aus, und er war sich dessen wohl bewusst. Es war ohnehin eine gute Zeit für den Dichter, *Hermann und Dorothea* würde bald erscheinen, er hatte sich den *Faust* wieder vorgenommen.

Das wusste Hölderlin, der bereits an seinem *Empedokles* saß, selbstverständlich nicht. Ihn interessierten vor allem Goethes *Römische Elegien*.

Trotzdem erschien Goethe dem großen und stattlichen Hölderlin kleiner, als er ihm im Theater, wo er ihn bereits von Ferne gesehen hatte, vorgekommen war. Dort war er wie ein Fürst durch die Reihen geschritten, nun stand ein starker, aber doch etwas älterer Mann vor ihm. Goethe war kleiner als er selbst.

Hölderlin antwortete:

– Ein üppiges Leben, im Gelde gesättigt.

Wer eigentlich von beiden kannte sich in Frankfurt besser aus, der Weimarer, der in Frankfurt geboren war? Der Schwabe, der nun in Frankfurt lebte? Wer hatte die Deutungshoheit?

Die beiden Dichter berührten, wie Goethe am folgenden Tag an Schiller schrieb, mannigfaltige Gegenstände. Welche es waren, ließ Goethe, weniger bedeutungsvoll als nachlässig oder gar lässig, offen. Man weiß, dass Goethe Hölderlin bei dem Treffen als Dichter zu kurzen Gedichten und einem »menschlich interessanten Gegenstand« riet.

– Schreiben Sie, Hölderlin, über Dinge des heutigen Lebens, die die Menschen angehen, und nicht immer über ferne Gegenden. Es ist uns doch, alles in allem, oft allzu fern.

Verdrängung

Und sonst? War der andere, unbekannte Teil des Gesprächs der interessante?
- Wir haben hier in Frankfurt mannigfaltige Formen echten Lebens. Geheimrat wissen das besser als ich. Keine Form jedoch sticht so hervor als die der Kaufleute und Bankiers.

Hölderlin sprach mit einer gewissen Devotion, aber auch Klarheit in der Stimme.

Goethe horchte auf. Wollte der junge Mann auf etwas Bestimmtes hinaus?
- Es ist eine Sphäre, die dichterisch zu behandeln nicht einfach ist. Ich selbst habe mich gerade in einer Dichtung, *Hermann und Dorothea*, daran versucht. Es ist nicht leicht, hier einen Knoten zu schürzen.
- Mir geht es, wenn ich das so sagen darf, um etwas Großes. Die Kaufleute und besonders die Bankiers befinden sich täglich mit dem Geld im nächsten Umgang. Sie sind den lieben Tag damit beschäftigt, nicht nur es hin und her zu wenden, ja, das auch, aber vor allem es hin und her zu bewegen. Aus dieser Bewegung entsteht etwas, das zu ergründen mir ein Gegenstand von manchem Interesse zu sein scheint.

Da horchte Goethe noch mehr auf, ließ sich aber nichts anmerken. Wie wir wissen, das Thema Geld beschäftigte ihn.
- Woher, Hofmeister, beziehen sie ihre Kenntnis des Gegenstands?
- Seit bald zwei Jahren wohne ich im Hause Gontard, pflege dort zuweilen Kontakt mit dem Hausherrn, Monsieur Gontard. Er ist mit allerlei Geschäften außerordentlich erfolgreich, die Familie hat es über nur drei Generationen hier in Frankfurt geschafft, ein mehr als stattliches Vermögen aufzubauen.
- Das sehen Sie wohl recht! Ich kenne die Gontards von Kin-

desbeinen an, zumindest hatte ich doch Kunde von ihnen. Sie waren schon damals sehr vermögend.
- Ich sehe das Leben bei dieser Familie mit Interesse und einem gewissen Wohlwollen. Es zeitigt nicht nur materiellen Gewinn sondern, auch reiche menschliche Frucht.
- Das ist interessant, das müssen Sie näher ausführen, Hölderlin!

Goethe sprach mit deutlicher Beteiligung.
- Ihr Reichtum gestattet den Gontards alles. Sie sind freie Menschen. Sie nutzen das zum Frommen aller. Die Hausherrin ist eine Person schönster Bildung, in jeglicher Beziehung. Sie ist von einer Vornehmheit des Herzens, die zu vergleichen ich nicht anstehe. Die Kinder, drei Mädchen und ein Junge, sind wohl geraten und wachsen langsam, man kann es bereits spüren, in künftige Aufgaben hinein. Wenn auch Gontard immer damit beschäftigt ist, dem Geld seine Aufmerksamkeit zu schenken, so ist er doch auch ein feiner Herr.
- Sie haben Glück, Hölderlin! Das gefällt mir.

Goethe spürte in diesem jungen Mann etwas von sich selbst. Ihm wurde in diesem Moment bewusst, dass der junge Mann auf einer Fährte war, die er selbst gehen musste.
- Lassen Sie uns der Dichtung zuwenden, woran arbeiten sie?

Hölderlin sprach vom *Hyperion*, erwähnte den *Empedokles*. Goethe aber zeigte kein ernsthaftes Interesse mehr. Er schien mit sich selbst beschäftigt. Da riet er Hölderlin zur Kurzform und einem menschlichen Sujet.

So hätte sang- und klanglos ein einzigartiges poetisches Gipfeltreffen enden können, das damals ein sehr ungleiches war. Der Geheimrat hatte etwas von Hölderlins Geist gespürt, war aber am Ende nicht darauf eingegangen. Er hatte sich in diesem Moment dazu nicht in der Lage gesehen. Er hatte etwas von Hölderlins Genialität gespürt, der umfassenden Tiefe seines Geistes, aber er war außerstande gewesen, sich darauf einzulassen.

Hölderlin, auf dem Weg zurück zum Adlerflycht'schen Hofe, meinte wieder ins Freie zu treten. Er war sich vorgekommen wie ein kleiner Junge und wurde auch jetzt dieses unangenehme Gefühl nicht los.

An Schiller in Jena schrieb Goethe: »Gestern ist auch Hölderlin bei mir gewesen, er sieht etwas gedrückt und kränklich aus, aber er ist wirklich liebenswürdig und mit Bescheidenheit, ja mit Ängstlichkeit offen. Er ging auf verschiedene Materien auf eine Weise ein, die ihre Schule verriet, manche Hauptideen hatte er sich recht gut zu eigen gemacht, so dass er manches auch wieder leicht aufnehmen konnte.«

Für Hölderlin blieb, dass er auch zu Dichtern wie Goethe und Schiller nicht dazugehörte. Als Dichter beurteilten sie ihn von oben herab oder verstanden ihn nicht. Goethe fand ihn angenehmer als beim ersten Aufeinandertreffen vor Jahren in Jena und Weimar. Damals hatte Goethe ihn gar nicht richtig wahrgenommen. Er konnte sich mittlerweile benehmen, und das gefiel dem Geheimrat. Aber als Dichter nahm Goethe ihn immer noch nicht ernst. Genauso wenig wie Schiller.

Dabei war es so: Hölderlin, in einer gewaltigen Trauerarbeit angesichts der Brüchigkeit von Poesie und Welt, feierte die Poesie und verteidigte die Welt. Hölderlins Poesie war damals der Gipfel der Dichtung, zutiefst traditionell und modern, alten Vorstellungen verbunden und visionär gegenüber Neuem. Goethes Dichtung erscheint dagegen altmodisch. Bei ihm war die Welt geschlossen und intakt. Bei Hölderlin zerbrach der Schutz des Seins. Der endlose Raum trat in Erscheinung, es gab keinen metaphysischen Mantel. Es gab keinen Trost, Trost wäre sentimental, Verdrängung, ja die Figur der Verdrängung bekam damals durch den Verlust Gottes erst ihre Bedeutung.

An Schiller hatte Goethe beim Eintreffen in Frankfurt geschrieben, dass er hier gemerkt habe, wie sehr er nach Sammlung und Klarheit strebe. Dabei sei ihm an sich selbst eine eigentümliche Sentimentalität aufgefallen, der er nachgehen müsse. An Frankfurt aber habe er eine Lust an der Zerstreuung bemerkt.

Allein

Susette wollte früher als sonst, Anfang September, gänzlich zurück in die Stadt.
– Die ersten Messegäste sollen schon in der Stadt angekommen sein!
Hölderlin sagte nichts. Er blieb, mit Henry und den anderen Kindern, weiterhin auf dem Adlerflycht'schen Hof.
– Die Nähe der Soemmerrings und auch von Sophie werden mir bestimmt gut tun. Es wird mir gut tun, sie zu treffen.
– Uns allen ist schwer wegen Maries Abschied.
War in diesen Worten eine Bitte, noch im Adlerflycht'schen Hof zu bleiben?
– Ich kann nicht. Ich muss unter Menschen.
Hölderlin machte eine Pause, dann sagte er:
– Ich hätte Ihnen schon immer so vieles sagen mögen.
Sie schaute ihn überrascht an.
– Hölderlin!
– Und doch habe ich Ihnen doch nie nichts gesagt.
Sie sah ihn weiter an und spürte eine große Unruhe in sich. Sie wollte es nicht, es machte ihr Angst.
– Sie haben bereits alles gesagt. Sie sagen so viel, Hölderlin. Mit ihren Blicken, mit ihren Worten! Schreiben Sie! Schreiben Sie ihre Gedichte, schreiben Sie ihren Roman. Und ich komme zuweilen, wenn ich kann, auf den Hof, und sehe nach Henry.
– Was wollen Sie in der Stadt, Madame, mit dem Lärm der Menschen, die einen nichts angehen?

- Es taugt mir im Moment nicht, allein zu sein. Ich brauche Gesellschaft. Nennen Sie es Zerstreuung, nennen Sie es Ablenkung, aber ich will unbedingt möglichst viele Menschen um mich haben.
- Was wollen Sie mit ihnen? Hier in der Natur sind, wenn irgendwo, Wahrheit, Freiheit, Schönheit! Es geht doch um das Gefühl, das wahre Gefühl. Die Gesellschaft, sie macht einem das Gefühl permanent kaputt.

Hölderlin fehlte mit Marie das Bindeglied zur Gesellschaft, ihm fehlte die gleichgestellte Person, die sich mit ihrer offenen und einnehmenden Art wie selbstverständlich in Gesellschaft bewegte und ihm damit ein Gefühl der Sicherheit und Verbundenheit gegeben hatte.

So musste Hölderlin sich nun fragen, wo er hingehörte. Die Gesellschaft erschien ihm anders. Statt Zufriedenheit spürte er nun stärker die Selbstzufriedenheit. Wieder war seine Position in der Welt ein großes Fragezeichen. Was war er? Pfarrer, Gelehrter, Lehrer? Es gab die schöne Freundschaft mit Sinclair in Homburg, aber Sinclair war anders als er. Er war Politiker. Es gab die erneuerte Freundschaft mit Hegel, aber Hegel war Philosoph. Er hatte ihm das große Gedicht »Eleusis« mitgebracht, das er für ihn, Hölderlin, geschrieben hatte, aber Hegel war doch alles andere als ein Dichter. Er war ein Denker.

Ich bin Dichter, dachte Hölderlin.

Streit

In dieser Zeit muss sich das Verhältnis von Gontard und Hölderlin weiter verschlechtert haben. Eine Auseinandersetzung betraf wohl Henry.

- Der Junge scheint mir so ganz mit poetischen Dingen beschäftigt.

- Ja, er interessiert sich sehr für diese Dinge. Er macht Fortschritte.
- Vernachlässigen Sie darüber nicht andere Bereiche der Erziehung?
- Über Geld und Geschäfte soll ich ja nicht sprechen.
- Hölderlin, niemals habe ich versucht, Sie von den Gesprächen über das Geschäft fernzuhalten!
- Und mir dann untersagt, über Geld zu sprechen.
- Ich habe Ihnen doch nicht verboten, dass Sie ab und an mit dem Knaben etwas über die Bedeutung des Geschäftslebens sprechen.
- Selbstverständlich. Wie Sie wünschen.

Hölderlin sah auf das kleine, wunderbar ausgestattete Puppenhaus, das in dem Zimmer auf einem Tisch stand, auf die Figuren darin, die ihm in diesem Moment alle gleich erschienen, auf den Wohlstand, auf das so überaus geordnete Leben.

- Vielleicht wäre es gut, wenn Sie mit Henry in den kommenden Monaten einmal nach Genf fahren, um das Französische mit ihm durchzunehmen und zu verbessern. Die Stadt hat einen tüchtigen Geist. Und es scheint bald Frieden zu geben, dann wird eine solche Reise auch nicht gefährlich sein.

Messezeit

Am 11. September begann die Messe, die in diesem Jahr wieder besser besucht war. Die Gasthäuser und Straßen waren voll, die Geschäfte florierten wieder. Susette war mit den Mädchen schon längst in die Stadt zurückgekehrt, Hölderlin war mit Henry weiterhin auf dem Adlerflycht'schen Hof geblieben. Er fühlte sich, anders als die letzten beiden Jahre, kränklich.

Da besuchte ihn, während der Messezeit, sein lieber Freund Neuffer. Sie saßen einige Tage recht vergnügt beisammen und führten vertraute Gespräche. Neuffers gute Laune färbte auf Hölderlin ab. Hölderlin soll ihm zugeflüstert haben: »Nicht wahr, eine Griechin.« Neuffer ließ keinen Zweifel daran, wie sehr er Susettes »hohe Schönheit« bewunderte.

Susette Gontard nahm an der Gesellschaft teil, blieb aber stumm. Sie liebte es, wenn um sie herum viel geredet und diskutiert wurde, sie selbst aber sagte nichts. Sie beteiligte sich diesen Herbst nicht an den Unterhaltungen, und den Vormittag blieb sie gleich ganz auf ihrem Zimmer.

Gontard ging mit neuer Begeisterung den Geschäften nach, der Handel florierte, und er fühlte sich ganz in seinem Element. Nur die gelegentlichen, missbilligenden Blicke seiner Frau irritierten ihn. Sie wurde ihm immer mehr zu einem Rätsel.

Madames Bruder Heinrich war wieder zu Gast, Susette kümmerte sich freundlich wie immer um ihn und seine Familie. Aber sowohl Gontard als auch Heinrich fiel die Unbeteiligtheit auf, mit der Susette den sonst so geliebten Bruder und eigentlich jedermann bedachte.

Als dann auch Hölderlin im Oktober mit Henry in das Haus am Hirschgraben zurückkehrte, war der Bruder immer noch da. Die Rückzugsmöglichkeiten im Hause, sonst so reichlich vorhanden, waren durch die Gäste eingeschränkt, und für den Garten war es schon etwas kalt. Sowohl Madame Gontard als auch der Hofmeister Hölderlin hatten das Gefühl, dass, was sich sonst so wunderbar getroffen hatte, nun gar nicht zusammenpasste.

Als sich Mitte Oktober die Nachricht verbreitete, dass der Friede von Campo Formio gesichert war, als somit Österreich und Frankreich nun jede Kampfhandlung einstellten und damit der erste Koalitionskrieg auch offiziell beendet war, hatte Monsieur Gontard das Gefühl, dass die Welt wieder in Ordnung war. Ungebetene Besuche durch Franzosen würden ausbleiben.

Seine Frau dagegen schien das freudige Ereignis gar nicht wahrzunehmen. Sie interessierte sich offenbar nicht mehr für diese Dinge, die doch von größtem Belang waren. Hatte sie es jemals getan? Gontard stand weiter vor einem Rätsel.

Auch Hölderlin war zu sehr mit sich beschäftigt, um dem neuen Frieden viel Aufmerksamkeit zu schenken.

Den November über war Heinrich, Susettes Bruder, immer noch in Frankfurt. Er suchte, sich nach Kräften in der hiesigen Gesellschaft zu unterhalten, und bemerkte dabei nicht, dass er seine Schwester störte. Er hatte immer gesagt, er komme um der Schwester willen nach Frankfurt, nun war deutlich, es war des eigenen Vergnügens wegen.

Heinrich bemerkte, dass die Sonderbarkeiten seiner Schwester etwas mit diesem Hölderlin zu tun hatten, den er deswegen nun bei jeder Gelegenheit spüren ließ, dass er ihn unnütz und überflüssig fand. Eben einfach nur ein Hofmeister.

Hölderlin sah sich nun auch hier zwischen zwei Lager gestellt, einerseits war er wohlgelitten, andererseits sah er sich mit Ablehnung und Abneigung konfrontiert. Das fiel in seinem ohnehin verfinsterten Gemüt auf fruchtbaren Boden, und das erste Mal kamen ihm echte Zweifel, ob er hier am richtigen Ort war. Alles erschien ihm nichtig, insbesondere aber die aufgekratzte, um sich selbst kreisende, hohle Gesellschaft.

Er wurde immer düsterer. Dem Bruder schrieb er: »Je angefochtener wir sind vom Nichts, das, wie ein Abgrund, um uns her uns angähnt, oder auch von tausendfachen etwas der Gesellschaft und der Thätigkeit der Menschen, das gestaltlos, seelen- und lieblos uns verfolgt, zerstreut, um so leidenschaftlicher und heftiger und gewaltsamer muss der Widerstand von unser Seite werden.« Wieder war es das Nichts, das Hölderlin angähnte.

Es war jene Gestimmtheit, die in vielen seiner späteren Dichtungen zum Ausdruck kommt. Auch in dem berühmten, kleinen Gedicht »An die Parzen«, das er etwa zu jener Zeit schrieb.

Nur einen Sommer gönnt, ihr Gewaltigen!
　Und einen Herbst zu reifem Gesange mir,
　　Dass williger mein Herz, von süßen
　　　Spiele gesättigt, dann mir sterbe.

Die Seele, der im Leben ihr göttlich Recht
　Nicht ward, sie ruht auch drunten im Orkus nicht;
　　Doch ist mir einst das Heil'ge, das am
　　　Herzen mir liegt, das Gedicht gelungen,

Willkommen dann, o Stille der Schattenwelt!
　Zufrieden bin ich, wenn auch mein Saitenspiel
　　Mich nicht hinab geleitet; Einmal
　　　Lebt ich, wie Götter und mehr bedarfs nicht.

Kapitel 8

Ende 1797 bis Oktober 1798

Übles Befinden

Ende 1797, ein Jahr vor der Trennung, fand Hölderlin sich in jener Zerrissenheit wieder, die er überwunden zu haben glaubte. Er spürte aufkeimenden Zorn in sich. Deutlich wird das seit dem Brief an den Bruder vom 2. November 1797. »Kälte und geheime Unterjochungssucht« überspanne ihn. Er wollte aufbegehren, aber er fühlte sich gefangen. Er fühlte den rechtmäßigen Anspruch seiner Seele auf freies Atmen, aber seine Wirklichkeit war eine andere.

Seine höchst gespannte Lage reizte Hölderlin »zu unmäßiger Anstrengung und Bewegung meines innern Lebens«. Er war bis aufs Äußerste gereizt. Hölderlin kam sich vor wie in einem Kerker und sehnte sich nach Seelenruhe. So kam es, dass Stille, Freundlichkeit, Besänftigung, Lauterkeit, Liebe, Stetigkeit ihm nun als das wichtigste erschienen. Er selbst aber erschien sich wieder als der alte, unzufriedene, unstete, ungeduldige, unkluge Mensch, der er einmal gewesen war.

Alles, was ihm zwei Jahre schön und gut erschienen war, erschien ihm nun trüb und bitter. Er dachte sehr ernsthaft darüber nach, sich aus Frankfurt zu entfernen. Was ihm jetzt besonders zu schaffen machte, waren die ausfernden Gesellschaften, dieses Herumstehen mit geistlosen, eingebildeten Menschen, die nur in der Lage waren, sich selbst zu sehen. Dieses endlose Parlieren ohne Gefühl, die Hohlheit der ausgestellten Selbstzufriedenheit, die Sinnlosigkeit der ewigen Nettigkeiten. Es war die Gesellschaft, in der er so gern gelebt hatte.

Noch fühlte er sich dem Haus – seinem Haus – verbunden und war doch voller Auflehnung. »Vieleicht wirds auch nun stiller in unserem Hauße; dieses ganze Jahr haben wir fast beständig Besuche, Feste und Gott weiß! was alles gehabt, wo dann freilich meine Wenigkeit immer am schlimmsten wegkommt, weil der Hofmeister besonders in Frankfurt überall das fünfte Rad am Wagen ist, und doch der Schiklichkeit wegen muß dabei seyn. Amen!«

Aber es ging weiter mit dem Gesellschaftsleben, Susettes Bruder mit seiner Familie war immer noch da, er blieb bis weit in den Dezember hinein. Wenn er auch nicht am Tag mit ihm beisammen sein musste, um ihn bei Ausflügen zu begleiten, so musste er ihm abends doch Gesellschaft leisten. Oh, dieses ewige Geplauder, Worte ohne Bedeutung, Ernsthaftigkeit, Tiefe – es machte Hölderlin fast verrückt.

Trotzdem, im Dezember ging es etwas besser.

Hölderlin und Madame Gontard tauschten zu dieser Zeit heimliche Zeichen des Einverständnisses, des Überdrusses an diesem Leben, der zärtlichen Nähe aus. Sie versicherten sich, wo es ging, wie gern sie gemeinsam zu zweit draußen sitzen würden, selbst in der Kälte, um einmal in Ruhe einen schönen Ausblick zu genießen, um miteinander die Natur in ihrer stillen Reinheit zu spüren.

Auch Madame war trüber Stimmung. Im Januar schrieb sie Marie nach Bödigheim fast flehend, dass sie, Marie, ihr ganz offen von ihren melancholischen Stimmungen schreiben solle. Sie wisse ja, wie einsam man sei, in neuer Umgebung, ohne die alten Freunde. In Wahrheit war sie es, die Marie vermisste. Sie solle sich ihr ruhig anvertrauen, niemand werde von ihren Geheimnissen erfahren. Sie suchte eine Person, der sie sich anvertrauen konnte.

Im Februar des Jahres 1798 schrieb er dem Bruder dann resigniert von der zerstörenden Wirklichkeit, in der er sich befinde. Er sprach von Schiffbruch. »Weist Du die Wurzel alles meines Übels? Ich möchte der Kunst leben, an der mein Herz hängt, und muss mich herumarbeiten unter den Menschen, daß ich oft so herzlich lebensmüde bin. Und warum das? Weil die Kunst wohl ihre Meister, aber den Schüler nicht nährt. Aber so etwas sag' ich nur Dir. Nicht wahr, ich bin ein schwacher Held, daß ich die Freiheit, die mir nötig ist, mir nicht ertrotze. Aber siehe, Lieber, dann leb' ich wieder im Krieg, und das ist auch der Kunst nicht günstig. Laß es gut seyn! Ist doch schon mancher untergegangen, der zum Dichter gemacht war.«

Es schien, als gebe es keinen Weg mehr für ihn.

Als der Frühling sich ankündigte, ging es ihm, der den Winter sehr an Kopfweh gelitten hatte, etwas besser. An seiner Stimmung änderte sich dadurch aber nichts. Hölderlin blieb den Sommer über betrübt, niedergedrückt, kränklich, schlecht gestimmt. Die Verhältnisse, in denen er zwei Jahre glücklich gelebt hatte und die ihm so lange förderlich waren, machten ihn nun krank.

Sog

Was war mit ihm? Er hatte sich doch immer ganz hineinbegeben wollen, in diese Familie, es hatte ihn dahingezogen, fast als wäre es ein Fallen gewesen. So sehr hatte Hölderlin Teil dieser Welt sein wollen.

Immer allerdings war klar gewesen, dass er niemals vollständiger Teil dieser Welt werden konnte. Und dass er sich in Wirklichkeit auch nicht darüber betrügen wollte.

Aber das hatte nichts an der Sehnsucht geändert, dieser bohrenden, nagenden Sehnsucht, an dem ruhigen Wohlstand teilzuhaben, der dem Leben einen solch angenehmen Schutz gewährt. Sättigung und Zufriedenheit, das waren zwei Gefühle, die Hölderlin nicht gut kannte, die keinen Stammplatz in seinem Innenleben hatten. Er fand sie – auch – schrecklich, die Selbstbeschränkung der satten Zufriedenheit, Blödigkeit nannte er es, aber das änderte nichts, überhaupt nichts an dieser Sehnsucht.

Wie ist es gewesen? Wie kann, wie könnte es gewesen sein?

Da war die Sache mit dem Knaben, Henry, seinem Zögling. Dem Vater, der sie immer so wohlwollend angeblickt hatte, schien es nun nicht mehr zu gefallen, dass Hölderlin immer mehr Einfluss auf ihn gewann. Was war los? Gontard bekam den Eindruck, sein Sohn würde sich von ihm entfremden, das geschäftliche Denken würde ihm fremd und er würde sich ins Feld der Poesie bewegen. Das durfte er nicht zulassen. Er besprach das mit Susette, seiner Frau, die aber nicht sehen wollte, wo hier ein Problem sein sollte.

Sie unterlag selbst der Verführung der Poesie, musste Gontard vermuten.

– Du hast drei Töchter, die sich meinetwegen alle drei den schönen Künsten hingeben können. Aber wenigstens einer in der Familie muss auch für das Einkommen sorgen.

So ging es hin und her. Gontard wollte Henry und Hölderlin doch nicht gemeinsam verreisen lassen, wie es eigentlich schon Monate lang geplant war. Sie hatten nach Genf fahren sollen, um Henrys Französisch zu verbessern. Dabei hatte Hölderlin auch in seiner Heimat vorbeifahren wollen. Gontard sprach von den Gefahren durch die Franzosen, die im Februar und März die Schweiz eingenommen hatten. Hölderlin konnte das nur als Vorwand betrachten: In Wahrheit ging es die gesamte Zeit doch um Gontards Eifersucht, seine Befürchtung, dass er und Henry dabei noch mehr zusammenwachsen würden.

In dieser Auseinandersetzung schlug Susette sich dann auch noch auf Hölderlins Seite. Sie selbst hatte das Gefühl, dass Gontard ihr mit seiner harten Haltung gar keine andere Wahl ließ. Auf diese Weise breitete sich eine gewisse Verbitterung im Hause aus, Gontard und Hölderlin entfernten sich voneinander, genauso wie Gontard und seine Frau. Der arme Henry, der niemals auf die Idee gekommen wäre, sich seinem Vater zu widersetzen, wusste nicht, was er denken, und noch weniger, was er fühlen sollte.

Es kam in diesem Frühjahr auch der Tag, an dem klar wurde, dass sich das nicht lösen lassen würde. Es war ausgeschlossen. Hölderlin würde in dieser Familie niemals als ein gleichwertiger Teil akzeptiert werden. Zwischen ihm und Gontard verlief ein unüberwindlicher Graben.

Es konnte auch gar nicht anders sein. Sie kamen aus zu unterschiedlichen Welten. Alle Gedanken, alles Neue und Andere, alles Denken über Gesellschaft und Geld, auf die Hölderlin sich in den vergangenen zwei Jahren so neugierig und freudig eingelassen hatte, waren fortgewischt. Wo sie nicht von alleine verschwanden, da verscheuchte Hölderlin sie mit Nachdruck, wie einen Spuk.

Er wollte düster sein. Er spürte eine menschliche Größe in seinem neuen Entwurf, dem *Empedokles*, eine Wucht des Empfindens, die Gontard in seiner schlichten Einfalt niemals zugänglich sein würde. Sie, die für längere Zeit darauf und daran waren, Nähe zueinander zu finden, waren geschiedene Leute.

Gontard beschäftigte das Gefühl, dass sich nicht nur Henry, sondern auch Susette von ihm entfernte. Er spürte, dass sie hinweggetragen wurde. Er ahnte, dass es mit Hölderlin zu tun haben könnte. Aber er wollte es nicht aussprechen, er war sich nicht sicher, wollte Hölderlin nicht zu Unrecht beschuldigen. Etwas hielt ihn zurück, überhaupt daran zu denken: Er wollte nicht, dass es Wirklichkeit sein könnte.

Hölderlin wurde bitter, Gontard ließ es dagegen relativ kalt. Er war gewohnt, die Dinge zu akzeptieren, so wie sie waren. Er tat, was seiner Ansicht nach getan werden musste. Hölderlin dagegen spürte dunkle Verbitterung und Zorn in sich aufsteigen. Die Selbstzufriedenheit dieser Menschen schien ihm nicht mehr anziehend, sondern erregte seinen Hass und Ekel. Die Fähigkeit, sich in Gesellschaft leicht zu bewegen, stieß ihn ab. Es war kein schönes Gefühl, das da in ihm aufstieg, aber Hölderlin spürte auch mit Stolz die etwas grausige Größe der Konsequenz darin.

Es mischte sich ein Anflug von Anspruch, von Rechthaberei,

vielleicht sogar von Besitzgier in Hölderlins zartes und liebendes Gefühl für Madame Gontard. Immer waren sein Denken und Empfinden rein gewesen, aber nun fand er eine Lust darin, Madame von Gontard hinwegzureißen, sie ihm zu entwinden. Die Befriedigung durch diese Vorstellung war ungeheuer. Er hatte dabei das Gefühl, dass er Susette beschmutzte, dass er Diotima entweihte. Aber Diotima würde für immer so bleiben, wie er sie – in anderen Tagen – gesehen und auf dem Papier festgehalten hatte.

Darin wenigstens lag Gerechtigkeit, o Götter!

Madame Gontard erfasste das alles, auch ihr bereitete Hölderlins verändertes Empfinden ein gewisses Vergnügen, auch sie konnte der Versuchung, Gontard zu demütigen, nicht widerstehen. Vielleicht wurde es zu viel für ihre zarte und nun einsame Seele, aber sie konnte nichts dagegen tun. Und wenn sie ehrlich war: Sie wollte es nicht einmal.

Auch Gontard spürte selbstverständlich, dass etwas vor sich ging. Er spürte die Gefahr und die Entfremdung, aber er nahm es immer noch nicht richtig ernst. Was sollte schon passieren? Was könnte geschehen? Susette würde irgendwann wieder zur Vernunft kommen, da war er sicher, sie würde die poetischen Grillen begraben, genauso wie sie die Grillen nach der Heirat, nach dem Umzug von Hamburg nach Frankfurt, nach der Geschichte mit Klopstock, irgendwann begraben hatte. Es gab gar keine andere sinnvolle Möglichkeit.

Was dachte sie sich! Er konnte doch den Jungen nicht für das Geschäft verderben lassen. Das Geschäft war alles, was sie hatten. Das wäre unverantwortlich gewesen. Das wäre nicht recht. Das würde Henry des Platzes berauben, an den Gott – oder wer auch immer – ihn gestellt hatte.

Glück

Da bekam Madame im März 1798 einen Brief von Marie. Sie war in freudiger Erwartung. Wenn es ein Mädchen werden würde, schrieb Marie, würde sie das Kind Susette nennen. Die fühlte dadurch ihr Vertrauen belohnt, sie träumte von einer Reise zu Marie und malte sich das Glück aus, mit ihr und dem Kind gemeinsam im Freien zu sitzen.

Es war eine traurige Wahrheit: Sie alle, die so glückliche Stunden miteinander verbracht hatten – Marie, Madame, Hölderlin –, lebten nun von Erinnerungen, Träumen, Vorstellungen und einsamen Wünschen.

Die Wirklichkeit zeigte sich dafür weiter mit Gesellschaften und Plaudereien, dazu kam für Hölderlin der weiter aufsteigende Hass. An die Schwester schrieb er Mitte April: »Hier zum Beispiel siehst Du, wenig ächte Menschen ausgenommen, lauter ungeheure Karikaturen. Bei den meisten wirkt ihr Reichtum, wie bei Bauern neuer Wein; denn gerad so läppisch, schwindlich, grob und übermüthig sind sie. Aber das ist auch gewissermaaßen gut; man lernt schweigen unter solchen Menschen, und das ist nicht wenig.«

Im Mai, Hölderlin war weiterhin kränklich, ging es dann wieder auf den Adlerflycht'schen Hof. Madame Gontard hörte von Maries Niederkunft, sie schrieb ihr den 12. Mai, mit Blick auf den beeindruckenden Kastanienbaum vor ihrem Fenster, den auch Marie so gut kannte. Sie genoss das Leben ein Stück weit, endlich konnte man allein sein, wirklich schweigen, ungestört zu zweit sein. »Ich lebe jetzt sehr einsam«, schrieb Susette an Marie, »aber weil daß mein Geschmack ist sehr vergnügt auf dem Lande ...«

So war es und so war es nicht. Hölderlin und Madame verbrachten Stunden mit den Kindern und auch allein, die sie glücklich machten. Sie dachten an jenes gemeinsame Frühjahr vor zwei Jahren. Sie gingen spazieren, zuweilen setzten sie sich unter eine Baumgruppe und genossen die rührenden Anblicke unter dem Gewölbe des reinen Himmels.

Beide nahmen die größte Rücksicht aufeinander, pflegten einen liebevollen Umgang, und erlebten ein Gefühl, das sie beide nicht kannten.

Hölderlin fühlte sich sehr zu Madame hingezogen. Hatte er sie nicht schon immer bewundert, ihre klassische Gestalt? Die Nähe zwischen den beiden wuchs wie von alleine. Sie konnten kaum etwas dagegen tun, sie wollten aber auch nicht. Die Kraft dafür schien bei beiden nicht mehr vorhanden. Bald kam es Hölderlin vor, als habe er sie vom ersten Tage an, den er sie gesehen hatte, geliebt.

Gleichzeitig war alles, selbst in den hellsten Stunden des Sommers, in ein unaufhebbares Grau getaucht. Hölderlin war weiter matt und mutlos, er wusste nicht, wohin das führen sollte, er liebte die Liebe, aber mehr noch die Poesie über die Liebe. Madame Gontard wusste, dass sie ihre zartesten Gefühle niemals würde leben dürfen. Immer würde sie bei den Kindern, ihrem Manne, diesem Frankfurter Leben bleiben. Gleichwohl war sie, und mit ihr auch Hölderlin, dankbar für jede gemeinsame Minute.

Einmal sagte Gontard, dass Susette für seinen Geschmack zu viel Zeit mit Hölderlin verbringe. Sie sagte nichts. Den Gedanken, dass er eifersüchtig sein könnte, wollte er trotzdem nicht denken.

Streit

Über Streitigkeiten zwischen Gontard und Hölderlin gibt es keinerlei Dokumente. Wie war es wohl? Es könnte Juli gewesen sein. Gontard kam früh, etwa zum Mittagessen, auf den Adlerflycht'schen Hof geritten. Madame, Hölderlin und die Kinder hatten den Morgen gemeinsam verbracht, es war eine selbstvergessene, intime Stimmung, in die er hineinplatzte. Er habe Lust gehabt, endlich auch einmal das schöne Leben auf dem Lande ungestört zu genießen, würde Gontard gutgelaunt gerufen haben.

Als man sich zu Tisch begab, blieb Hölderlin stehen, die Arme hinter dem Rücken verschränkt, als wolle er nicht dabeisitzen.
- Hölderlin, was ist Ihnen? Setzen Sie sich, in Gottes Namen, und machen sie nicht so ein Gesicht.

Hölderlin stand immer noch, er blickte steif geradeaus.
- Hölderlin, was ist? Sie wollen doch etwas. Ich sehe das. Jeder will etwas von mir. Meine Kinder, die Dienstboten, die Freunde in der Börse. Nur meine Frau schaut mich manchmal an, wie wenn ich den Mund halten sollte. Aber ganz Frankfurt will etwas von mir. Da machen auch Sie keine Ausnahme. Glauben Sie nur nicht, Sie seien etwas Besonderes. Also?

Noch immer sagte Hölderlin nichts.
- Was ist mit ihnen los? Sind Sie auf den Mund gefallen? Haben Sie Kummer? Machen Ihnen die Kinder Probleme? Ein Menschenfreund wie ich merkt sofort, wenn etwas nicht stimmt.

Dieses Wort aus Gontards Mund, »Menschenfreund«, erbitterte Hölderlin. Es kam ihm ausgesprochen wohlfeil vor. Ein geschenktes Wort, ein anmaßendes Wort. Er sprach nun ungemein förmlich.
- Nein, darüber wollte ich nicht sprechen. Aber ich wollte Sie tatsächlich um etwas bitten. Ich wollte Sie bitten, mich entfernen zu dürfen.
- Sie sind ein freier Mann, Hölderlin.
- Ich möchte heute Abend zu Gogels Empfang. Und vorher Herrn Hegel besuchen.
- Wie ich sagte, Sie sind ein freier Mann!

Hölderlin räusperte sich. Es war Madame, die ihm zuvorkommen wollte, doch Hölderlin sagte mit fester Stimme.

– Und ich würde gerne einen Monat frei bekommen, Monsieur Gontard!

Niemand sagte etwas. War Gontard sprachlos oder wartete er ab?

– Ich möchte mich etwas ausruhen, um meine Kopfschmerzen zu kurieren. Und ich möchte doch sehen, ob ich das Drama, an dem ich arbeite, etwas weiterbringen kann.
– Sie sind hier nicht als Tragöde, sondern als Hauslehrer angestellt.
– Selbstverständlich würde ich in der Zeit auf alle Bezüge und Vergünstigungen verzichten.
– Hölderlin, es geht doch nicht ums Geld! Es geht darum, dass Sie die Aufgaben wahrnehmen, für die Sie angestellt sind.
– Auch ich brauche einmal Ruhe.
– Und die Kinder brauchen Bildung. Sie müssen kontinuierlich erzogen werden. Sie können doch nicht mit Henry einfach mal eine Pause machen!
– Herr Gontard, mein Kopf zerspringt, Ruhe und Besinnung sind mir eine Notwendigkeit.
– Und deswegen müssen Sie heute zum Hegel und zum Gogel, ja?
– Cobus!

Madame war der Ruf entfahren. Die Kinder hatten aufgehört zu essen, sie saßen stocksteif und betreten. Hölderlin konnte gerade noch an sich halten.

– Cobus, du bist offenbar hergekommen, dich zu streiten.

Gontard beachtete seine Frau nicht.

– Hölderlin, machen Sie kein Drama draus, gehen Sie meinetwegen zu Hegel und Gogel. Nehmen Sie meine Frau mit, das wird ihr gut tun. Aber machen Sie aus dieser Sache kein Drama. Ihre Kopfschmerzen werden schon wieder besser werden. Arbeiten Sie am Nachmittag, am Abend, in der Nacht, wie Sie wollen, an ihrer Tragödie. Nur wenden Sie sich vormittags dem Knaben zu.

Hölderlin stand immer noch stocksteif. Er sagte nichts.

– Schreiben Sie doch einmal ein Gedicht über das Geld, da können Sie ihre eigenartigen Ansichten ausleben, da schreiben Sie Poesie, das wird vielleicht sogar dem Kopf gut tun.

Am Morgen nach diesem Vorfall lag Henry schwer krank und mit hohem Fieber im Bett. Draußen erreichte der Sommer seinen Hitzehöhepunkt. Hölderlin, der nun nichts mehr zu tun hatte, kam es so vor, als ginge es ihm genauso elend wie seinem Zögling. Er konnte die Zeit nicht nutzen.

Niemand aus dem Hause Gontard war zu Gogel gegangen. Auch Hölderlin und Hegel trafen sich nicht. Bis Henry von seiner Krankheit genesen war, dauerte es mehrere Wochen.

Entscheidungstag

Der 25. September war dann der entscheidende Tag. Die Situation eskalierte. Der Streit gipfelte an diesem Tag in dem – für Hölderlin genauso wie Susette – furchtbaren Satz, dass er sich auf der Stelle entfernen solle.

Es war Susette gewesen, die diesen Satz gesagt hatte. Auf der Stelle!

Wieder war es bei Tisch zu einem Streit gekommen. Gontard fühlte sich von Hölderlin betrogen, weil er dachte, dass er sich nicht mehr für seine Aufgabe interessiere. Hölderlin fühlte sich von Gontard um sein Leben betrogen.

Gontard hatte Hölderlin des Tisches verwiesen, Hölderlin war gekränkt nach oben auf sein Zimmer gegangen. Susette war ihm nachgefolgt, er hatte gedacht, sie sei gekommen, ihn zu besänftigen. Aber sie war so aufgewühlt, wie er sie noch nicht erlebt hatte, und sagte: Er solle eilen, er solle auf der Stelle sich entfernen.

Hölderlin war davon so verstört, so verletzt, dass er sich wortlos und auf der Stelle umdrehte, seine Sachen zusammenraffte und grußlos das Haus verließ, in dem er drei Jahre gelebt hatte.

Noch Tage danach grübelte Susette Gontard, was sie zu dieser unbedachten Äußerung gebracht hatte. Sie konnte sich selbst nicht verstehen. Wie konnte sie sagen, er solle sich auf der Stelle entfernen? Hatte sie Angst gehabt, dass es zu einem ungeheuren Ausbruch käme, dass sozusagen die Naturgewalt der beiden Männer aufeinanderprallen lassen würde? Oder hatte sie Angst, dass sie sich, auf die Probe gestellt, zu Hölderlin bekennen würde, dass ihre Ehe, ihr Leben, alles auseinanderbräche, dass sie die Kinder verlöre? Hatte sie die Kraft der Liebe gespürt, bei Gontard, bei Hölderlin, bei sich, diese Kraft, die alles würde in Stücke reißen können? Sie äußerte sich, auch gegenüber Hölderlin, nicht deutlich darüber.

Und sollte sie zu Hölderlin Kontakt aufnehmen? Wie sollte sie das tun? Wo war er? Wie stand er nun zu ihr?

Und wie war der Streit zwischen Gontard und Hölderlin verlaufen?

– Hölderlin, es kann doch gar nicht anders sein. Wir zahlen Sie, dass Sie unseren Sohn unterrichten. Das bestimmt unsere Beziehung. Das könnte nicht einmal ich ändern, selbst wenn ich wollte.

Niemand sagte etwas. Offenbar hatte Gontard an diesem Tag Lust, Hölderlin zu provozieren.

– Da können Sie hier in Gesellschaft nicht wie ein Patrizier auftreten.

Patrizier, das waren die Frankfurter Herren, die Ratsherren, alteingesessen und immer noch wichtiger als die allgegenwärtigen Kaufleute. Die Frankfurter Kaufleute, hatte Hölderlin vor einiger Zeit geschrieben, seien verbittert durch die Zeitumstände und ließen ihn das vergelten.

Hölderlin konnte sich nicht mehr zurückhalten.

– Was Sie Gesellschaft nennen, ob mit Patrizier oder ohne, ist doch nur eine Ansammlung von Geistlosigkeiten.

Gontard war sprachlos. Hölderlin fuhr mit einer gewissen Abgeklärtheit fort, mit Lässigkeit sogar.
- Sie bezahlen mich, ja, das ist richtig. Sie bezahlen mich von ihrem reich vorhandenen Geld, und dafür bin ich Ihnen dankbar, Monsieur Gontard. Aber gleichzeitig stehlen Sie mir auch mein Leben. Und auch ich habe, wie Sie, nur eines.

Gontard aber sagte immer noch nichts, er lehnte sich ob dieser Ungeheuerlichkeit zurück. Er wollte hören, ob da noch mehr käme.
- Das Geld ist ein eigenartiges Ding, Herr Gontard. Ich habe einiges darüber gelernt. Es bereichert uns, kein Zweifel, es gibt Wohlstand und Sicherheit. Aber es stiehlt uns auch etwas. Es stiehlt uns anderes, Liebe, Treue, Vaterland, das sind wichtigere Werte.
- Und Schönheit.

Das war Susette.
- Man vergisst diese Dinge über dem Geld. Man müsste darüber für Kinder ein Märchen schreiben. Man müsste ein Märchen schreiben, wie das Geld die Seele raubt. Man könnte den Schatten als Bild der Seele nehmen. Das Märchen wäre dann, wie ein Mensch dem Teufel seinen Schatten für einen Beutel Gold verkauft und was ihm dann unter den Menschen ohne Schatten alles widerfährt. Das müsste man den Kindern vorlesen.

Da platzte Gontard. Er sprang auf und rief laut:
- Nun sprechen Sie endlich einmal wahr, Hölderlin, nun zeigen Sie endlich Ihre Verachtung für den Arm, der sie hält und nährt. Wollen Sie uns hier nicht einmal ein Gedicht aufsagen, nur so, um zu zeigen, was sonst noch in ihrem Kopf umgeht? Oder wollen Sie sich vielleicht nicht doch besser von unserer Tafel entfernen?

Da war Hölderlin mit einem Ruck aufgestanden und geradewegs nach oben gegangen. Worauf ihm Susette gefolgt war und den unbedachten Satz gesagt hatte.

Seiner gestrengen Mutter beschrieb Hölderlin die Gründe für seinen Weggang aus Frankfurt. Man fragt sich allerdings, wie aussagekräftig ein solcher Rechtfertigungsbrief sein kann. Er sei mit unhöflichem Stolz, täglicher Herabwürdigung behandelt worden, was ihn verletzt habe. Vor allem die Äußerung, dass die Hofmeister auch nur Bediente seien, die für ihre Dienste bezahlt würden und insofern auch nichts Besonderes fordern könnten, hätten ihn aufgebracht. Das hört sich glaubhaft an, klingt aber auch so, als wäre es ihm lange Zeit anders ergangen. Als wäre er lange Zeit im Hause Gontard eben doch etwas Besonderes gewesen und anders behandelt worden.

Die Tage danach

Am gleichen Tag verließ Hölderlin das Haus der Gontards. Sinclair brachte ihn in Bad Homburg unter, und die Geschichte nahm den bekannten Verlauf. Zwei Tage nach seinem Weggang, am 27. September, schrieb Henry an Hölderlin einen erschütternden, kindlichen, liebevollen Brief. Mit wem solle er jetzt lernen? Die Mama lasse herzlich grüßen, Hölderlin solle nur ja viel an sie denken. Henry bat Hölderlin zurückzukommen, was der nicht tat.

Der Vater habe bei Tische gefragt, wo er, Hölderlin, sei.

Ende September besuchte Hölderlin aber Hegel in Frankfurt. Irgendwie hatte Madame Gontard von diesem Besuch erfahren und Hölderlin dabei von ferne gesehen. Zuvor war auch Henry bei Hegel gewesen.

Möglicherweise löste Hölderlins unbekannte, aber sicher nicht unversöhnliche Antwort auf Henrys Brief dann auch Susette Gontards Zunge. Sie begann ihren ersten Brief an den Verschwundenen zu schreiben, sie suchte nach Fassung und Besinnung. Gleichzeitig wurde Henry von seinem Vater streng angewiesen, nicht mehr Hölderlins Namen zu nennen und den Kontakt abzubrechen. Auch zu Hegel durfte er nicht mehr gehen.

Es war also Madame, die den ersten Schritt auf Hölderlin zu machte. Nicht er hat ihr, sie hat ihm zuerst geschrieben. »Ich muss Dir schreiben Lieber!« Der Dialog mit ihm, das wurde schon in ihrem ersten Brief deutlich, war Nahrung für ihre wunde, vereinsamte Seele. Ihr Herz halte es nicht länger aus (als etwa eine Woche). Sie war durch die Vorfälle tief verletzt. Sie war unsicher, sie glaubte an die Kunst und die zarten Gefühle. Aber Liebe war etwas, hatten sie beide bis dahin gedacht, das nicht geht, das für sie beide nicht in Frage kam. Nun ging sie einen Schritt darüber hinaus.

Alles, was nun aus ihrer Feder folgte, trägt die Züge eines Gefühlsverhältnisses, das in einem Bürgerhaushalt des ausgehenden 18. Jahrhunderts noch nicht üblich und nicht vorgesehen war. Susette Gontard wollte das Tor der Gefühle, das der Kontakt mit dem Literaten ihr geöffnet hatte, nicht wieder verschließen.

Sie war klug. Lieber habe sie die schwer zu ertragenden Gefühle des Schmerzes, der Trennung, schrieb sie, als keine Gefühle. Sie erkannte in der Trennung, dass ihr Tränen lieber als Leere waren. So betrat sie, in diesem klaren Bekenntnis zum Trennungsschmerz, auch gemeinsames Land. Sie war es, die diese unmögliche Beziehung möglich machte.

Nachdem sie sich den 4. Oktober im Schauspielhaus gesehen und irgendwie Zeichen gegeben hatten, überbrachte Madame Gontard bei einem Treffen – wo, wissen wir nicht, wie, wissen wir nicht – Hölderlin, der in der Stadt genächtigt hatte, einen Brief, ihren ersten Brief, an dem sie mehrere Tage geschrieben hatte.

Hölderlin aber ging mit diesem Brief wieder durch das Eschenheimer Tor nach Homburg. Er ging unter dem düsteren, mächtigen Steinturm, durch die dunkle Durchfahrt, aus dem Gewirr von Häusern und Gassen hinaus auf das freie Feld. Es gibt nicht den kleinsten Anhaltspunkt, was er damals dachte.

Monsieur Gontard hatte, nach dem Streit, nach den folgenden Diskussionen in seiner Familie, wahrscheinlich verstanden, worum es ging. Es drohte der Zerfall seiner Familie. Sein Sohn und seine Frau hielten zu Hölderlin. Sie baten ihn, den Lehrer zurückzuholen. Wogegen er an sich gar nichts gehabt hätte, dieser fremdartige Dinge treibende Mann hatte eine solch gute Wirkung auf seinen Sohn, er machte ihn zu einem lebendigen, selbstbewussten, klaren Menschen, dass er immer sehr zufrieden gewesen war. Vielleicht hätte ihn nicht einmal gestört, dass er auch seiner Frau etwas zu geben wusste, das er selbst nicht hatte, von dem er nicht einmal richtig verstand, was es war. Aber er konnte sich von diesem Menschen auch nicht vorführen lassen.

Cobus Gontard war in der kommenden Zeit sehr freundlich und zuvorkommend zu seiner Frau. Er bemühte sich um sie. Ihr Mann zeige ihr allerlei Aufmerksamkeiten und biete Gefälligkeiten an, allein, ihr Herz erreiche er so nicht, schrieb sie, da er doch »das Herz meines Herzens nicht schonte«.

Damenopfer

Der Brief von Susette Gontard fand seine Fortsetzung in sechzehn weiteren Briefen von ihr. Vor allem auf dem Adlerflycht'schen Hof, aber auch in der Stadt gab es am ersten Donnerstag im Monat weitere geheime, wohl kurze Treffen zwischen ihr und Hölderlin. Er kam zum Haus am Hirschgraben, kurz und riskant waren die heimlichen Treffen. Zum Adlerflycht'schen Hof, wo sie wieder den Sommer verbrachte, kam er zum ersten Mal am 9. Mai 1799. In diesem Jahr gab es weitere Treffen, dabei wurden auch Briefe, die sie sich auf diese Treffen hin geschrieben hatten, ausgetauscht.

Sie kamen sich, trotz oder wegen der räumlichen Trennung, sehr nahe. Sie mussten für ihre Nähe kämpfen, und sie taten es. Sie liebten sich. Die Briefe, die Susette Gontard in dieser Zeit geschrieben hat, sind überliefert, Hölderlins Entgegnungen dagegen nicht. Die Geschichte der anhaltenden Liebe zwischen Hölderlin und Susette Gontard fand so eine zweijährige Fortsetzung, die uns aus ihrer Sicht überliefert ist.

Der letzte der erhaltenen Briefe stammt vom 7. Mai 1800. »Wirst Du morgen kommen? Mein Theurer!« so beginnt das Schreiben, abgeschickt vom Adlerflycht'schen Hof. Einen Tag später: »Wirst Du nun kommen! —«.

Er endete: »… drum laß uns mit Zuversicht unsern Weg gehen und uns in unsern Schmerz noch glücklich fühlen und wünschen, daß er lange lange noch für uns bleiben möge weil wir darinn vollkommen Edel fühlen und gestärkt Leb wohl! Leb wohl! Der Segen sey mit Dir. —«

Lieber Schmerz als kein Gefühl, das war von Anfang an der Tenor dieser lebendigen, kämpfenden, mutigen, auch realistischen Frau, die ein Jahr später tot war.

Am 22. Juni 1802 starb Susette Gontard. Sie litt an Schwindsucht, ein alter Ausdruck für Tuberkulose, der als überholt gilt, das unverständliche Dahinschwinden, Tod durch Schwäche, aber sehr gut beschreibt. Als sie dann auch noch die Röteln bekam, war sie mit ihrer Kraft am Ende. Sie ließ einen Mann zurück, einen Sohn und drei Töchter – und Friedrich Hölderlin, der wohl in Bordeaux von ihrer Krankheit und in Stuttgart von ihrem Tod erfuhr. Danach lebte er noch 41 Jahre, davon drei oder vier Jahre bei klarem Bewusstsein.

Brod und Wein

1799 schrieb Hölderlin die erste Fassung seiner größten und berühmtesten Elegie »Brod und Wein«. In dieser frühen Fassung hieß das Gedicht noch »Der Weingott« und war Heinse, dem Kasseler und Bad Driburger Begleiter, gewidmet. Vielleicht war das ein zarter Hinweis für Susette.

Die erste Strophe dieses langen, hochkomplexen Gedichts lässt sich, in der frühen wie in der endgültigen Form, als eine Erinnerung an Frankfurt und das Haus im Hirschgraben mit seinem Garten lesen.

Der Weingott
(An Heinze)

I.

Rings um ruhet die Stadt; still wird die erleuchtete Gasse,
   Und mit Fakeln geschmükt rauschen die Wagen hinweg.
Satt gehen heim von Freuden des Tags zu ruhen die Menschen,
   Und Gewinn und Verlust wäget ein sinniges Haupt
Wohlzufrieden zu Haus; leer steht von Trauben und Blumen,
   Und von Werken der Hand ruht der geschäftige Markt.
Aber das Saitenspiel tönt fern aus Gärten – vielleicht daß
   Dort ein Liebendes spielt oder ein einsamer Mann
Ferner Freunde gedenkt und der Jugendzeit – und die Brunnen
   Immerquillend und frisch rauschen an duftendem Beet.
Still in dämmriger Luft ertönen geläutete Gloken,
   Und der Stunde gedenk rufet ein Wächter die Zahl.
Jezt auch kommet ein Wehn und regt die Gipfel des Hains auf,
   Sieh! und das Schattenbild unserer Erde, der Mond
Kommet geheim nun auch; die Schwärmerische,
                      die Nacht kommt
Voll mit Sternen und wohl wenig bekümmert um uns
Glänzt die Erstaunende dort, die Fremdlingin unter
                  den Menschen
   Über Gebirgeshöhn traurig und prächtig herauf.

Nachwort

An der Frage, was wirklich passiert ist, kommt keine Geschichte vorbei. Am Ende geht es doch um Authentizität und Faktizität. In diesem Buch wird, besonders in den Kapiteln vier bis sechs, eine Geschichte der Berührung von Hölderlin und der Welt des Geldes erzählt. Das hat, wie gleich zu Anfang erläutert, ein spekulatives Moment. Wir wissen kaum etwas darüber. Es gibt keine Zeugnisse, es gibt keine überlieferten Aussagen. Das ist wohl der Grund, warum noch nie ausführlicher darüber geschrieben wurde. Dabei hat diese Berührung zweifelsohne stattgefunden.

Gesprächen von Geld und Ökonomie, Auszügen aus dem *Frankfurter Staats-Ristretto*, einer damals bedeutenden Zeitung, stehen in diesem Buch deshalb Gedichtzeilen Hölderlins gegenüber. Geld und Dichtung waren und sind zwei konkurrierende Sprachsysteme. Geld ist zur Dichtung ein Alternativmedium, das schon damals mächtig und sehr erfolgreich war.

Was aber ist dieses Buch? Ist es ein biografisches Sachbuch oder eine fiktive Erzählung? Es befindet sich an der Schnittstelle. Es ist an der Naht entlang erzählt, wo sich die bekannten Tatsachen und der Imaginationsraum, der sich am Finanzplatz Frankfurt öffnete, berühren. Dass dieses Buch an dieser Naht entlang geschrieben wurde, ergibt sich aus der Sache selbst. Es ist schwer denkbar und schlicht unwahrscheinlich, dass Hölderlin drei Jahre lang mit der Welt des Geldes in Kontakt gewesen ist, noch dazu in so aufregender und entscheidender Zeit und an einem so exponierten Ort wie Frankfurt, dass dies aber keine Auswirkungen auf sein Denken gehabt hat. Das Buch will also diese Berührung vorstellbar machen, es will Angebote unterbreiten. Es will Bilder finden, die das Unbekannte ein Stück kalkulier- und begreifbarer machen. Insofern bleibt, will man sich mit dem Aufeinandertreffen zweier exponierter Protagonisten wie Gontard und Hölderlin befassen, wenig übrig, als begründete Vermutungen anzustellen.

Die vorliegende Darstellung hält sich zunächst an die verfügbaren Fakten. Die Daten sind korrekt. Ablauf, Einzelheiten und Bezüge gehen so weit als möglich auf die wenigen verfügbaren Quellen zurück, vor allem auf Hölderlins Briefe. Dann beginnt das Feld der Interpretation. Aus den Briefen Hölderlins, aber auch in den Briefen der anderen beteiligten Personen, lassen sich Tendenzen zu den entscheidenden Fragen ablesen. Ein Beispiel: Wir wissen nichts über das Hölderlins Verhältnis zu Judentum und Juden. Aber wir haben aus dieser Zeit Äußerungen Hegels, mit dem Hölderlin damals in regem Kontakt stand. Und es gibt eine kleine Bemerkung Hölderlins, die zumindest eine Richtung andeutet.

Dann folgt das, was ich die Methodik des Dialogs nennen möchte: Die Dialoge in diesem Buch sind erfunden, aber keinesfalls willkürlich. Die gesagten Sätze sind nicht so, wie sie sind, erfunden, weil sich daraus etwa eine besonders gute Dramaturgie ergeben würde. Sie gehen zurück auf zeitgenössische Quellen, sie nehmen die Einstellungen der Figuren auf, die sich aus Briefen und Aussagen extrapolieren lassen, sie beziehen sich auf die Diskussionen, Themen und Diskurse, die damals bedeutsam waren. Sie legen den Figuren in den Mund, was damals gesagt wurde, was die Personen damals beschäftigte. Rede und Gegenrede entwickeln dabei eine eigene Dynamik, die neue Räume der Erkenntnis öffnet.

Damit kommt eine vierte Ebene ins Spiel. Was wurde im Umfeld Hölderlins, in der Welt, die er damals kennenlernte, diskutiert? Wie und was dachten Hölderlins Frankfurter Zeitgenossen? Dazu habe ich unter anderem den *Frankfurter Staats-Ristretto* konsultiert. Es war eine von 1772 bis 1810 erscheinende Tageszeitung mit europäischen Nachrichten aus Wirtschaft und Politik, eine damals in Gontards Kreisen vielgelesene Zeitung. Im Text kommen, deutlich abgesetzt, kleine Auszüge aus dieser Zeitung vor.

Außerdem habe ich Gespräche entwickelt, wie sie bei gesellschaftlichen Anlässen wie Theaterbesuchen und Empfängen vorgekommen sind. Diese Gespräche nehmen die Diskussionen auf und spitzen sie zu, wie sie sich aus dem *Frankfurter Staats-Ristretto* und anderen Quellen ergeben. Die auftretenden und sprechenden Personen (wie etwa Simon Moritz Bethmann) sind prägende Figuren der damaligen Frankfurter Stadtgesellschaft gewesen.

Zu in erster Linie erzählerischen Darstellungen gibt es gravierende Unterschiede: Im Gegensatz zum historischen Roman wurden hier keine bekannten Fakten verändert. Die Treue zu den Fakten stand vor jeder Form der Harmonisierung der Geschichte, der Zuspitzung eines Konflikts oder – hier ist die Versuchung besonders groß – der dramaturgischen Wendung, die der Erzählung mehr Spannungselemente gegeben hätte.

Noch einmal, was ist der Gewinn einer solchen »biografischen Erzählung«? Zunächst gibt es auch einen Verlust: Es handelt sich nicht um Literaturwissenschaft. Es ist nicht sicher, was hier erzählt wird. Wobei sich, gerade bei Hölderlin und den Gontards, auch gleich die Frage stellt, wie sicher das Wenige ist, was uns bisher im Namen der Wissenschaft erzählt wurde. Dann aber gibt es einen deutlichen Mehrwert: Die Figuren kommen dem Leser näher, sie werden lebendig. Wo die Erinnerung an das kulturelle Erbe brüchig geworden ist, ist es von überragender Bedeutung, diese Erinnerung wieder lebendig zu machen. Es ist notwendig, Figuren wie Hölderlin, die uns sagen, woher wir kommen, und damit auch, wer wir sind, plastisch werden zu lassen.

Das geht nur schwerlich ohne Erzählung und Bild, ohne Szene und Dialog. Es sind Methoden, die uns die Sprache selbst zur Verfügung stellt, um Figuren und Vergangenes zu vergegenwärtigen. Dialog ist gesprochene Sprache. Stimmensimulation im Dialog ist, durch die Nähe zu den Figuren, ein meines Erachtens legitimes Mittel der Erkenntnis. Die Sprache selbst öffnet im Dialog Räume, die der Philologie versagt bleiben müssen, die strenger Historiografie verschlossen sind. Die Sprache tendiert dazu, Möglichkeitsräume zu öffnen, auszuschreiten und zu ergründen, so macht sie Vergangenes lebendig. Man könnte es die Simulation des vergangenen Moments mit dramatischen Mitteln nennen. Dabei helfen Spuren, vorgezeichnete Bahnen, in denen die Sprache sich bewegt, damals wie heute. Je genauer man diesen Bahnen folgt, desto mehr kann man hoffen, sich der Wahrheit zu nähern.

In diesem Zuge ergeben sich Verschiebungen gegenüber der bisherigen Geschichtsschreibung. Kaum jemand hat sich bisher dafür interessiert, dass das Verhältnis von Gontard und Hölderlin lange Zeit besser war als gemeinhin angenommen. Es wurde fast ausschließlich mit teleologischem Blick auf das Zerwürfnis betrachtet. Dabei sind Hölderlins positive Aussagen dazu in seinen Briefen eigentlich unmissverständlich. Was aber hat die beiden Männer verbunden? Dazu gab es bisher nicht einmal Vermutungen. Der anschließende Streit zwischen Hölderlin und Gontard, der auf die Trennung hinauslief, ist ebenfalls immer im Unklaren geblieben.

Die Frage, was Hölderlin bei den zahlreichen Empfängen, an denen er mit größter Wahrscheinlichkeit teilnahm, gehört, erlebt, gedacht und gesagt hat, ist bisher nicht gestellt worden. Sein abwertendes Wort von den »Frankfurter Gesellschaftsmenschen« wird als Beleg dafür genommen, dass er immer Distanz zu dieser Gesellschaft gehalten hat und dass man sich deswegen damit nicht weiter befassen muss. Aber dieses Wort fiel am Ende seiner Frankfurter Zeit, als er sich eben dem Hause Gontard und der Frankfurter Gesellschaft entfremdet hatte. Über die Zeit davor sagt es kaum etwas.

Man weiß, dass Hölderlin im Tübinger Stift intensiven Kontakt mit Hegel und später auch mit Schelling hatte, und spekuliert gern, wie das damals gewesen ist und worum es damals ging. Dass Hölderlin in der Frankfurter Zeit Hegel wahrscheinlich zwei Jahre lang regelmäßig gesehen und gesprochen hat, ist dagegen viel weniger präsent. Dabei hat Hegel in dieser Zeit ausgesprochen markante Sätze zu Religion, Juden und Liebe geschrieben.

Auch das eigenartige Faktum, dass Hölderlin im Juni 1797 am Tag von Marie Rätzers Hochzeit mindestens zwei große Briefe schrieb, ist bisher nicht ausreichend bedacht worden. Wie ist das zu erklären? Die Hypothese, Hölderlin habe nicht an dieser Hochzeit teilnehmen dürfen und deshalb die Briefe geschrieben, ist meiner Ansicht nach nicht haltbar. Hölderlin beschäftigte dieses Ereignis, weil es Auswirkungen auf sein Leben hatte, weil es entscheidende Fragen in ihm wachrief.

Schließlich die Beziehung zu Susette Gontard: Weil diese Liebesgeschichte am Ende so intensiv und tragisch wurde, scheint sie alles zu überstrahlen. Wohl deswegen hat man sie sich meist so vorgestellt, als hätte sie direkt nach dem Eintreffen Hölderlins in Frankfurt begonnen. Wahrscheinlich aber war das erst viel später der Fall.

Dieses kleine Buch ist also die Alternative zu einer Geschichte, die einfach zu oft in der gleichen Weise erzählt worden ist: eine Erzählung wichtiger biografischer Ereignisse, ein Spiel über das Verhältnis von Geist und Geld – und eine Variation über manche Begebenheit in Hölderlins Leben zwischen 1795 und 1798.

Anhang

Kommentierte Auswahlbibliografie

Die Bibliografie ist thematisch geordnet.

Werkausgaben

Friedrich Hölderlin: Sämtliche Werke und Briefe. Hrsg. von Michael Knaupp. 3 Bde. München 1993. [Zitiert als I–III]
Diese Ausgabe ist, nach den beiden großen Ausgaben von Friedrich Beißner (Stuttgart 1943 ff.) und D. E. Sattler (Frankfurt 1975 ff.) die wichtigste Hölderlin-Ausgabe. Sie hat, wie die Ausgaben bei Reclam und Insel, den Vorteil, erschwinglich zu sein. Außerdem enthält sie einen biografischen Abriss und eine Sammlung von Dokumenten zu Hölderlins Leben.

Georg Wilhelm Friedrich Hegel: Werke in zwanzig Bänden. Bd. 1: Frühe Schriften. Frankfurt a. M. 1971. [Hegel, Frühe Schriften]

Georg Wilhelm Friedrich Hegel: Werke in zwanzig Bänden. Bd. 2: Jenaer Schriften 1801–1807. Frankfurt a. M. 1971. [Hegel, Jenaer Schriften]

Georg Wilhelm Friedrich Hegel: Theologische Jugendschriften. Hrsg. von Hermann Nohl. Tübingen 1907. (Reprint Frankfurt a. M. 1966.)

Schiller Goethe Briefwechsel. Hrsg. von Emil Staiger. Revidierte Neuausgabe von Hans-Georg Dewitz. Frankfurt a. M. 2005. [HJb]
Die Schriften von Schiller, Goethe, Ebel, Sinclair, Soemmerring und Schelling werden hier nicht extra aufgeführt.

Umfassende Darstellungen Hölderlins

Das jährlich erscheinende Hölderlin-Jahrbuch (Stuttgart 1944 ff.) [HJb] ist die periodische Publikation zu Hölderlin und enthält, auch zu biografischen Fragen, zahlreiche wichtige Artikel.

Adolf Beck / Paul Raabe: Hölderlin. Eine Chronik. Frankfurt a. M. 1970.
Umfassende biografische Chronik, zahlreiche Abbildungen, ergiebiges Buch. [Chronik]

Pierre Bertaux: Friedrich Hölderlin. Frankfurt a. M. 1978.
Einflussreiche Gesamtdarstellung Hölderlins mit besonderer Berücksichtigung der Französischen Revolution.

Ludwig Fertig: Friedrich Hölderlin der Hofmeister. Darmstadt 1990.
Peter Härtling: Hölderlin. Ein Roman. Darmstadt/Neuwied 1996.
Johann Kreuzer (Hrsg.): Hölderlin Handbuch. Leben – Werk – Wirkung. Stuttgart 2011.

Die Gontards

Adolf Beck: Diotima und ihr Haus. Briefe von Susette und Jacob Friedrich Gontard. Dokumente über sie und ihre Familie nebst einem Fragment des »Hyperion«. 1. Hälfte. In: HJb 9 (1955/56). S. 110–173. [Beck 1]
– Diotima und ihr Haus. Briefe von Susette und Jacob Friedrich Gontard Dokumente über sie und ihre Familie nebst einem Fragment des »Hyperion«. 2. Hälfte. In: HJb 10 (1957). S. 1–45. [Beck 2]
Diese beiden Aufsätze sind immer noch, dank ihrer positivistisch-exakten Ausrichtung, extrem hilfreich.
Das Puppenhaus, ein Erbstück in der Gontard'schen Familie. Bruchstücke aus den Erinnerungen und Familien-Papieren eines Siebenzigers. Zusammengest. von Carl Jügel. Neu hrsg. von Dr. Wilhelm Pfeiffer-Belli. Frankfurt a. M. 1921. [Jügel]
Dieses Buch gibt den tiefsten Einblick in das Gontard'sche Familienleben. Zahlreiche, detaillierte SW-Abbildungen, vor allem der Familienmitglieder.
Jürgen Isberg: Die Familie der Diotima. In: HJb 8 (1954) S. 110–127.
Über die Familie von Susette Gontard, geb. Borckenstein.
Barbara Vopelius-Holtzendorff: Susette Gontard-Borckenstein. In: HJb 26 (1988/89) S. 383–400.
Thomas Weichel: Gontard & MetallBank. Die Banken der Frankfurter Familien Gontard und Merton. Stuttgart 2000. [Weichel]
Eine verlässliche Darstellung der Familiengeschichte der Gontards. Das Buch enthält zahlreiche Abbildungen, unter anderem des historischen Frankfurt, von Cobus und Susette, des Kaufhauses in der Neuen Kräme, des »Weißen Hirschen«, des Adlerflycht'schen Hofes und des Puppenhauses.

Frankfurt

Im Historischen Museum Frankfurt am Main finden sich zahlreiche historische Karten und Modelle, die sichtbar machen, wie die Frankfurter Innenstadt auch im Straßenverlauf immer wieder umfassend umgebaut wurde. Außerdem finden sich historische Aufnahmen von Gebäuden wie dem Weißen Hirschen oder dem Haus Braunfels am Liebfrauenberg.

Friedrich Bothe: Geschichte der Stadt Frankfurt am Main. Frankfurt a. M. ³1929. (Neudruck 1988.) [Bothe]

Robert Diehl: Frankfurt am Main im Spiegel wichtiger Reisebeschreibungen. Würzburg 1984. [Diehl]

Quellensammlung zum historischen Frankfurt.

Waldemar Kramer (Hrsg.): Bilder zur Frankfurter Geschichte. Frankfurt a. M. 1950. [Kramer]

Beeindruckendes Buch, das auch seltene Bilder versammelt.

Christoph Perels: Die Frankfurter Gesellschaft um 1800. In: HJb 31 (1998/99) S. 35–50. [Perels]

Theater

Anton Bing: Rückblicke auf die Geschichte des Frankfurter Stadttheaters von dessen Selbständigkeit (1792) bis zur Gegenwart. 2 Bde. Frankfurt a. M. 1892/96. [Bing]

Bernhard Frank: Die erste Frankfurter Theater AG (1792–1842) in ihrer Entwicklung von der »Nationalbühne« bis zur »Frankfurter Volksbühne«. In: Studien zur Frankfurter Geschichte. H. 2. Frankfurt a. M. 1967.

Anton Heinrich Emil von Oven: Das erste städtische Theater zu Frankfurt a. M. 1751–1872. Selbstverlag 1872. [Oven]

Frankfurter Wirtschaftsgeschichte

Bernd Baehring: Börsen-Zeiten. Frankfurter Wertpapierbörse 1585–1985. Frankfurt in vier Jahrhunderten zwischen Antwerpen, Wien, New York und Berlin. Frankfurt a. M. 1985.

Christian Wilhelm Berghoeffer: Meyer Amschel Rothschild. Der Gründer des Rothschildschen Bankhauses. Frankfurt a. M. ²1923.

Alexander Dietz: Frankfurter Handelsgeschichte. Frankfurt a. M. 1910.
[Dietz]

In den Bänden 4.1 und 4.2 (Frankfurt a. M. 1925) finden sich ausführliche Angaben zu den Frankfurter Bankiers und Handelsleuten wie Harnier, Jordis, Scharff, Rüppell, Willemer, Metzler, Bethmann etc. (auch zu ihren damaligen Vermögen).

Amos Elon: Der erste Rothschild. Biographie eines Frankfurter Juden. Aus dem Engl. von Matthias Fienbork. Reinbek 1998.

Niall Ferguson: The House of Rothschild. Bd. 1: Money's Prophets. 1798–1848. Rev. Edition, London 1999. [Ferguson]

Wilfried Forstmann: Simon Moritz Bethmann 1768–1826. Bankier, Diplomat und politischer Beobachter. Frankfurt a. M. 1973. [Forstmann]

Isidor Kracauer: Frankfurt am Main und die Französische Republik 1795–1797. In: Archiv für Frankfurts Geschichte und Kunst. 3/3 (1891).

Franz Lerner: Das tätige Frankfurt im Wirtschaftsleben dreier Jahrhunderte (1648–1955), zugleich ein Handbuch der Altfrankfurter Firmen. Frankfurt a. M. 1955.

Werner Plumpe / Dieter Rebentisch (Hrsg.): »Dem Flor der hiesigen Handlung«. 200 Jahre Industrie- und Handelskammer Frankfurt am Main. Frankfurt a. M. 2008. – *Darin vor allem:* Wilfried Forstmann: Die Frankfurter Wirtschaft am Ende des Alten Reiches und die Gründung der Handelskammer 1750–1834. *Und:* Dieter Bartetzko, Die Schönheit einer Druse – Frankfurts Altstadt, ein Gesamtkunstwerk.

Geld

Helmut de Craigher: Geldordnung und Selbstentfremdung. Das Geld bei Georg W. F. Hegel. In: Zeitschrift für Sozialökonomie. 51 Jg. 182./183. Folge (2014). [Craigher]

Scott N. Duryea: William Pitt, The Bank of England, and the 1797 Suspension of Specie Payments. Central Bank War Finance During the Napoleonic Wars. In: Libertarian Papers 2/15 (2010).

Johann Wolfgang Goethe: Allgemeine Einleitung in die vergleichende Anatomie. 1795. In: Goethe's Werke. Vollständige Ausgabe letzter Hand. Bd. 55. Stuttgart [u. a.] 1933.

»Zirkulation« ist ein Zentralbegriff von Goethes Ökonomie.

Jochen Hörisch: Kopf oder Zahl. Die Poesie des Geldes. Frankfurt a. M.
1996. [Hörisch]
*Dieses Buch enthält für das Thema Geld und Dichtung faszinierende
Beobachtungen.*
Joseph Vogl: Kalkül und Leidenschaft. Poetik des ökonomischen Menschen. Zürich 2002. [Vogl]
Dieses Buch war eine entscheidende Inspirationsquelle.
Émile Zola: Das Geld. Roman. Übers. von Wolfgang Günther. Berlin
1995. (Orig.: Paris 1890-91.)
*Der berühmte Roman Zolas ist hundert Jahre später entstanden und
beschreibt das Treiben an der Pariser Börse als naturalistische Fiktion –
in einer Zeit als die Börsen sich schon verselbständigt hatten.*

Kassel und Bad Driburg

Erich Hock: Dort drüben in Westfalen. Hölderlins Reise nach Bad
Driburg mit Wilhelm Heinse und Diotima. Münster 1949.
*Die umfassendste Darstellung zur Zeit in Kassel und Bad Driburg,
später ergänzt durch einen Aufsatz desselben Autors:*
- Zu Hölderlins Reise nach Kassel und Driburg. In: HJb 16 (1969/70)
S. 254-290. [Hock]
*Welche Bilder, insbesondere von Claude Lorrain, 1796 zu sehen waren,
ist dem Katalog der Staatlichen Gemäldegalerie zu entnehmen.*

Hölderlins Verhältnis zu Hegel und Schelling

Michael Franz: Schelling und Hölderlin – ihre schwierige Freundschaft
und der Unterschied ihrer philosophischen Position um 1796. In: HJb
31 (1998/99) S. 75-98. [Franz]
Dieter Henrich: Der Grund im Bewußtsein. Untersuchungen zu Hölderlins Denken (1794-1795). Stuttgart 1992. [Henrich 1]
*Die sicher tiefgründigste Darstellung von Hölderlins philosophischer
Position.*
- Philosophisch-theologische Problemlagen im Tübinger Stift zur

Studienzeit Hegels, Hölderlins und Schellings. In: HJb 25 (1985/86)
S. 60–92. [Henrich 2]
Dieter Henrich: Hölderlins philosophische Grundlehre. Vortrag Mailand
1995. Auch unter: http://schrimpf. com/ph/henrich/e2. html
[Henrich 3]
Johann Kreuzer: Hölderlin im Gespräch mit Hegel und Schelling. In: HJb
31 (1998/99) S. 51–72.

Schiller, Sinclair, Ebel

Ursula Brauer: Isaac von Sinclair. Eine Biographie. Stuttgart 1993.
Ulrich Helfenstein: Johann Gottfried Ebel. Zum 200. Geburtstag. In:
Neue Zürcher Zeitung. 11. Oktober 1964.
Günter Mieth: Friedrich Hölderlin und Friedrich Schiller – Die Tragik
einer literaturgeschichtlichen Konstellation. In: HJb 28 (1992/93)
S. 68–79.
Luigi Reitani: »Mit wahrster Verehrung«. Hölderlins Rechenschaftsbriefe
an Schiller. In: HJb 34 (2004/5) S. 143–160.

Anmerkungen

Die beste Quelle für das Leben Hölderlins sind seine Briefe. Dazu kommen, was die Liebesgeschichte angeht, die Briefe Susette Gontards, welche allerdings erst geschrieben wurden, als Hölderlin Frankfurt bereits verlassen hatte. Außerdem gibt es die Briefe aus dem Umkreis, die Adolf Beck gesammelt hat. [Beck 1 und 2]

Im Text wurden, wie im Nachwort dargelegt, Äußerungen der handelnden bzw. sprechenden Personen – das sind vor allem Jakob Friedrich Gontard, sein Sohn Henry, Susette Gontard, Marie Rätzer, Georg Wilhelm Friedrich Hegel, Friedrich Wilhelm Joseph Schelling, Johann Wolfgang Goethe, Isaac von Sinclair und die Frankfurter Banker – in die Gespräche hineinmontiert, oder das Gespräch wurde von Anfang an aus diesen Äußerungen entwickelt.

Genaue Zitate sind jeweils durch Anführungszeichen kenntlich gemacht. Hier wurde – wie in den zitierten Passagen aus dem *Frankfurter Staats-Ristretto* – die originale Schreibung beibehalten.

Die Anmerkungen zu den Kapiteln sind jeweils thematisch zusammengefasst, die erwähnten Siglen beziehen sich auf die in der Auswahlbibliografie angegebenen Kurztitel.

Kapitel 1

Stadtbild
Der Weg über Fahrgasse und Zeil ist relativ sicher, weil die Stadt im Allgemeinen so betreten wurde. Unsicher bleibt, ob Hölderlin sich an diesem Abend die Stadt weiter angesehen hat, vielleicht hat er es auch erst einen oder zwei Tage später getan. Die Entfernungen und das, was er gesehen und erlebt haben kann, ist nach alten Karten und Bildern rekonstruiert. Das geschäftige Treiben fiel damals vielen auf, die nach Frankfurt kamen. Vgl. Diehl.

Revolution
Das Verhältnis Hölderlins zur Revolution ist bis heute Gegenstand einer wissenschaftlichen Debatte. Das große Buch von Pierre Bertaux, das ihn als radikalen Republikaner zeigt, wirkt bis heute nach. Ich selbst halte Hölderlin tatsächlich für einen Republikaner, sicherlich in der Zeit vor Frank-

furt. Es gibt auch keinen Grund dafür, dass er diese Haltung in Frankfurt aufgegeben haben sollte, zumal der Kontakt mit Ebel Hölderlins republikanische Stimmung befördert haben dürfte. Allerdings gibt es auch keine Quelle, die irgendeinen offenen Konflikt deswegen bezeugt. Hölderlin scheint sich also in Frankfurt – ob aus Klugheit oder beginnenden Zweifeln an der Revolution, wissen wir nicht – mit Äußerungen zurückgehalten zu haben.

Erziehung

Am 2. September 1795 hatte Hölderlin Sinclair in einem aufsatzartigen Brief seine Ansichten zur Erziehung dargelegt. Dieser Brief wurde an Gontard weitergegeben und trug zur Anstellung Hölderlins bei. Darin hatte Hölderlin sich auf Rousseau berufen. Im Gespräch bezieht Gontard sich auf diesen Brief.

Fichte

»Die absolute Monarchie hat keine Zukunft, sie existierte nie richtig«: In Hölderlins eigenen, später (24. Dezember 1798) in einem Brief an Sinclair formulierten Worten: »Die absolute Monarchie hebt sich überall selbst auf, denn sie ist objectlos; es hat auch im strengen Sinne niemals eine gegeben.« Hölderlins Worte wurden an dieser Stelle also ins Umgangssprachliche vereinfacht. In seiner Jenaer Zeit hat Hölderlin zusammen mit Sinclair Fichtes Vorlesungen besucht, Fichtes patriotische Vorlesungen waren damals ein Zentrum revolutionärer Stimmung in Deutschland.

Kapitel 2

Theater

Wie sich aus verstreuten Bemerkungen ergibt, war Hölderlin mehrfach im Frankfurter Theater. 1797 sah er dort zum Beispiel Goethe. Auch die Gontards, wenn auch keine begeisterten Theatergänger, besuchten das Theater regelmäßig, es gehörte zum gesellschaftlichen Leben. Gemeinsam könnten sie dort am 30. Januar 1796 etwa die erste Frankfurter Aufführung von Mozarts *Così fan tutte* gesehen haben. Vgl. die Darstellungen des Frankfurter Theaterlebens, vor allem Oven und Bing.

Banken
Die geschilderten Personen sind allesamt prominente Figuren des damaligen Frankfurter Wirtschaftslebens. Das Bankhaus Harnier hatte gute Verbindungen nach Kassel, siehe etwa Dietz, S. 669 ff. Die Darstellung der Frankfurter Handelsleute und Bankiers geht zurück auf mehrere Quellen, die in der Auswahlbibliografie angeführt sind. Wichtig hierfür vor allem Dietz, Bothe, Forstmann und Kramer.

Wohlbefinden
Schon im ersten Brief vom 15. Januar 1796 schreibt Hölderlin an Neuffer, dass er unter guten und seltenen Menschen lebe. Das setzt sich fort, etwa im März an den Bruder (»Ich lebe sorgenlos«, »… ich bin gesund und habe keine Sorgen…«). Die Familienverhältnisse bei den Gontards werden vor allem nach Jügel, Beck und Weichel geschildert.

Zum Gedicht »Da ich ein Knabe war« vgl. Hölderlins Briefe an den Bruder vom 11. Januar 1796 und an Neuffer vom 15. Januar 1796. Hier zeigt sich eine sehr verwandte Gestimmtheit. Der Entstehungszeitpunkt des Gedichts ist unklar, Knaupp vermutet ihn im Zusammenhang mit *Hyperion*-Entwürfen. So gesehen würde die angenommene Datierung 1796 passen.

Schönheit
Wenn man in Erinnerungen und Familiendokumenten liest, stellt man fest: Die Schönheit der Frauen, das gute Aussehen sind immer wieder Thema bei den Gontards. Siehe dazu vor allem die Erinnerungen von Maria Belli-Gontard, vgl. Jügel.

Judentum
Über Hölderlins Verhältnis zum Judentum ist nichts bekannt. Bald wird er mit den Ansichten Hegels konfrontiert werden. Die einzige Bemerkung, in der man eine gewisse Tendenz spüren kann, ist das abfällige Wort »Jüdeln« in dem Brief an Neuffer vom 28. April 1795. Andererseits kann man aus der Tatsache, dass Juden und Judentum sonst nicht thematisiert werden, eine gewissen Neutralität Hölderlins ableiten.

Marie Rätzer
Das verfügbare Wissen über Marie Rätzer wurde von Adolf Beck gesammelt, siehe Beck 1 und Beck 2. Das lebendige, zupackende Wesen von Marie Rätzer wird hier deutlich. Sie wurde von allen Seiten gemocht und war

in die Gontard'sche Familie integriert. Außerdem wurde ihre Schönheit mehrfach bemerkt. Bei Beck finden sich die Zeugnisse und Quellen zu den Lebensverhältnissen der Familie Gontard in der Stadt und auf der Pfingstweide wie auch die Geschichte mit dem Soldaten, der Marie nach dem Fest belagerte.

Schelling

Das letzte Treffen mit Schelling hatte im Dezember 1795 in Nürtingen stattgefunden. Nun besuchte Schelling Hölderlin auf der Durchreise in Frankfurt. In dieser Zeit entstand, im Zusammenspiel mit Hegel, wohl auch das *Älteste Systemprogramm des deutschen Idealismus*. Vgl. hierzu Henrich und Franz. Seit dem Besuch in Frankfurt stand etwas zwischen Hölderlin und Schelling, die Forschung hat für die spätere Zeit eine leichte Reserviertheit festgestellt. Aber niemand weiß, was genau geschehen ist.

Neuffer

Christian Ludwig Neuffer in Stuttgart ist zu dieser Zeit neben dem Bruder Hölderlins wichtigster Briefpartner. Aus dieser Zeit sind Briefe an ihn vom Januar, März und Juni 1796 überliefert.

Kapitel 3

Hyperion

Das Zitat »Denn wär' er mit mir fortgezogen, so läg er jetzt bei Tripolissa im Staub« stammt aus dem *Hyperion*, zweiter Band, erstes Buch. Die Forschung geht allgemein davon aus, dass Hölderlin zu dieser Zeit intensiv am *Hyperion* arbeitete. Die Stellen aus dem Unterkapitel »Navarin ist unser« entstammen den Entwürfen zur endgültigen Fassung des *Hyperion*, hier dem Neuentwurf der Misistra-Briefe.

Henry

Dass Henry Hölderlin irgendwann »Hölder« zu nennen begann, ist bekannt. So verwendete er diese Anrede in seinem Brief von 1798.

Marie
Ihre Tochter Charlotte schrieb über Marie: »Vor ihrer Ehe erregte sie viele, tiefe und nachhaltige Leidenschaften. Der Kopf und wundervolle Nacken waren vollkommen antik geformt. [...] Die Haare und Locken, wie die Gewänder, wurden immer in dem in ihren Jugendjahren so beliebten hellenischen Geschmack geordnet.« Zitiert nach Beck 1, S. 162.

Kapitel 4

Fest
Die Schilderung des Festes ist eine Fiktion, die die Ereignisse plastisch zusammenführt. Es gibt keine Dokumente, keine Hinweise, es gibt nur allgemeine Berichte über die damalige schlechte Stimmung. Die folgenden Gespräche zwischen den Damen gehen auf ein paar spärliche Briefzeugnisse zurück, die bei Beck 1 und Beck 2 wiedergegeben sind. Sie geben von der Tendenz her wieder, wie die beteiligten Personen fühlten und dachten. Rüdt, der Offizier, hat Marie tatsächlich geschrieben.

Susette
Das Aussehen Susettes wird beschrieben bei Belli-Gontard, vgl. Jügel, insbesondere aber bei Beck 2, S. 38.

Kapitel 5

Börse
Beschreibungen der Börse, Schilderungen der Niedergeschlagenheit und der Handelsgeschäfte finden sich zerstreut in den Büchern, die in der Auswahlbibliografie aufgeführt sind. Aber auch hier: Es gibt erstaunlich wenige Quellen.

Hegel
Das Gedicht »Eleusis« findet sich in: Hegel, *Frühe Schriften*. Die Sätze Hegels über die Liebe sind zitiert nach *Entwürfe über Religion und Liebe*, vgl. Hegel, *Frühe Schriften*, S. 245ff., einem Entwurf Hegels aus der Frankfurter Zeit. In der Schrift *Der Geist des Christentums und sein Schicksal* gibt es ein großes Kapitel Hegels über das Judentum. Aus diesem Aufsatz wird

nachfolgend im Unterkapitel »Hegel und die Juden« zitiert, vgl. Hegel, *Frühe Schriften*, S. 282, 288, 292. Der Antisemitismus Hegels, der aus diesem Aufsatz spricht, wird selten thematisiert. Zur Unsicherheit, in der die Juden damals leben mussten, finden sich Hinweise auch im *Frankfurter Staats-Ristretto*. Vgl. die Ausgabe vom Freitag, dem 24. März 1797, über die Auseinandersetzung von Moses Meyer Assur und den Frankfurter Handelsleuten.

Kapitel 6

Frankfurt und die neue Geldpolitik
Der Beitrag von Wilfried Forstmann im Jubiläumsbuch der Frankfurter Industrie- und Handelskammer berücksichtigt verschiedenste Faktoren, um die Frage zu beantworten, wie Frankfurts Wachstum als Handels- und Börsenstandort zu erklären ist. Zentral für das neue Verständnis von Geld, das zu jener Zeit um sich zu greifen begann, ist Joseph Vogls Buch *Kalkül und Leidenschaft*, dort insbesondere S. 250–255.

Bruder
Zum Besuch des Bruders vgl. Hölderlins Brief an die Schwester vom April 1797.

Widmungen
Die Widmungen an Susette Gontard in die beiden Bände des *Hyperion* werden oft verwechselt, so als hätte Hölderlin in das Exemplar von 1797 schon die Worte »Wem sonst als Dir« geschrieben und als wäre dadurch also die Intimität zwischen den beiden für diese Zeit nachgewiesen.

Adlerflycht'scher Hof
Zu diesem Hof, genauso wie zum Leben, das Hölderlin und die Gontards dort führten, siehe Beck 1 und Beck 2. Hier ist auch vermerkt, dass auffiel, dass Madame Gontard und Hölderlin nun Stunden allein verbrachten.

Hegel
In den *Aphorismen aus Hegels Wastebook*, vgl. Hegel, *Jenaer Schriften*, S. 548, finden sich diese zugespitzten, antisemitischen Äußerungen. Ich habe sie zu einem Gespräch mit Hölderlin ausgebaut, in dem Hölderlin gegenüber dem Antisemitismus Hegels eine reservierte Position einnimmt, Hegels Position dagegen explizit wird.

Streit
Es gibt vage Anzeichen, dass Gontard zu dieser Zeit noch einmal nach Nürnberg fuhr. Ebenso vage sind die Anzeichen, dass es in dieser Zeit zu einem Streit kam. Bedenkt man allerdings, wie die Stimmung zwischen den beiden irgendwann zu dieser Zeit umschlug, und sucht man nach der passendsten Datierung, ist ein Streit in dieser Zeit doch sehr wahrscheinlich.

Kapitel 7

Empedokles und Emilie
Deutlich lässt sich in der Stuttgarter wie auch in der Frankfurter Ausgabe nachvollziehen, wie Hölderlin den Frankfurter Entwurf des *Empedokles* in Henrys Heft geschrieben hat.

Ebenfalls in diese Zeit kann das Langgedicht »Emilie vor ihrem Brauttag« datiert werden. Dieses weitgehend unbekannte Gedicht kann man lesen, als sei es von Marie inspiriert. Emilie beichtet darin Klara eine heimliche Liebe.

Hochzeit
Zu Marie Rätzers Bangigkeit vor dem Odenwald vgl. Beck 2, S. 117. Zu Susette Gontards Verfassung siehe einen Brief vom 27. August 1797 an Marie, in dem sie schreibt: »Ich gehe fast alle Abend in Gesellschaft um nicht ganz zu allein zu seyn weil ich glaube das es mir nicht taugt.« Vgl. Beck 2, S. 117.

Zum Treffen mit Goethe bilden – neben den Briefen Hölderlins an die Mutter vom August 1797, an den Bruder vom August und 2. November 1797 – die Briefe, die Schiller und Goethe sich dazu geschrieben haben, die wichtigste Quelle. Außerdem bietet Jochen Hörischs anregendes Buch *Kopf oder Zahl* die interessante Beobachtung Goethes zu den Frankfurter Grundstückspreisen (S. 324).

Cobus Gontard
Dass sich das Verhältnis zu Gontard verschlechterte, lässt sich nur erschließen. Zur geplanten und dann doch abgeblasenen Fahrt von Henry und Hölderlin nach Genf siehe den Brief Hölderlins an die Mutter vom August 1797.

Susette Gontard
Zu Susette Gontard während der Messezeit, dem Besuch des Bruders und der Verstimmung gegenüber dem Gatten siehe Beck 2, S. 18.

Kapitel 8

Hölderlins Stimmung
Zu Hölderlins Befinden gibt es Ausführungen in den Briefen an den Bruder und die Mutter vom November 1797 bis April 1798. Vor allem der Brief an den Bruder vom Februar 1798 ist bedeutsam, aber auch kaum abschließend zu deuten.

Briefe
Zu Marie Rätzers Brief an Susette Gontard siehe Beck 1, Seite 120, zu Susettes Brief an Marie siehe Beck 1, Seite 122.

Streit
Wie bereits erwähnt, gibt es zu einem Streit keine Quellen. Es ist aber gleichzeitig klar, dass sich das Verhältnis von Gontard und Hölderlin nun fundamental verschlechtert hatte. Und es ist überliefert, dass Henry in dieser Zeit sehr krank wurde. Vgl. Beck 1 und 2.

Trennung
Zur Trennung vergleiche die Briefe Hölderlins aus dieser Zeit, vor allem aber den Brief Henrys vom 27. September 1798 und die nachfolgenden siebzehn erhaltenen Briefe Susette Gontards. Diese Briefe sind die einzige Quelle über ihr Verhältnis mit Hölderlin, über die Trennung Hölderlins vom Hause Gontard und natürlich über die nachfolgende Liebesgeschichte, die in diesem Buch, wo es um den Dichter und den Banker gehen soll, nicht mehr erzählt wird. Die erstaunliche Tatsache, dass es Susette Gontard war, die Hölderlin am Tag der Trennung sagte, er solle auf der Stelle

sich entfernen, wird von ihr selbst in ihrem ersten Brief vom September/ Oktober 1798 bezeugt. Dieser Brief lässt auch erahnen, dass die Verhältnisse im Hause Gontard 1798 zunehmend schwieriger geworden waren. In Susettes Briefen sind weitere Einzelheiten beschrieben, etwa, wie sie ihn in Frankfurt aus der Ferne wiedersah, wie Gontard auf Henry reagierte, wie sie überlegte, wie sie Kontakt zu Hölderlin aufnehmen könne, wie sie sich fragte, ob Hölderlin das auch wolle. Das kommende Jahr 1799 stand im Zeichen geheimer Treffen und des Austauschs von Briefen.

Schatten
Die Erzählung für Kinder vom Geld und dem Schatten, die ich Hölderlin gegenüber Gontard entwerfen lasse, nimmt – eine kleine literaturgeschichtliche Spielerei – *Die wundersame Geschichte von Peter Schlemihl* vorweg, die Adelbert von Chamisso 1814 geschrieben hat.

Über den Autor

PETER MICHALZIK, geb. 1963, war viele Jahre Redakteur und Theaterkritiker im Feuilleton der *Frankfurter Rundschau*. Heute ist er Dozent und Autor, er unterrichtet an der Frankfurter Schauspielschule und am Mozarteum Salzburg. Michalzik verfasste u. a. Biografien über Gustaf Gründgens, Siegfried Unseld und Heinrich von Kleist. Zuletzt erschienen von ihm die Bücher *1900: Vegetarier, Künstler und Visionäre suchen nach dem neuen Paradies* und *Die Liebe in Gedanken. Die Geschichte von Boris Pasternak, Marina Zwetajewa und Rainer Maria Rilke.*